박광배 시집

서천 가는 길

상상인 시인선 *058*

•본문 페이지에서 한 연이 첫 번째 행에서 시작될 때에는 〈 표기를 합니다.
•저자의 의도에 따라 작품의 보조 동사와 합성 명사는 띄어쓰기가 달라질 수 있습니다.

새천 가는 길

동네로 시집와 평생 사신 나의 할머니
노수봉(1900~1996)의 영전에 바친다.

덧붙이는 말

 스무 살 무렵, 어디 박혀 월급 받아먹으며 살 천성은 못 되더란 걸 익히 알겠어서 글 써서 먹고 살리라 마음먹었으나 역마살이 가냥 안 됐는지 막노동판을 싸돌았다. 거기다 속 불을 못 다스려 소리에 미쳐 또 한세월 묵새겼다. 어지저지 여자가 생기니 새끼가 따라 나오더라. 시절이 또 난리라 정신 못 차리다 예까지 왔다. 급히 낸 풍신 난 시집이 한 권뿐. 이제 살날이 얼마 안 남았다 생각하니 마음만 급해져 세상에서 내 가진 유일한 기술, 시 쓰는 짓거리로 들은 이야기, 몸으로 때운 이야기 중 만사 제치고 우선 고향 이야기부터 남긴다. 쓰다 쓰다 하늘이 부르면 가는 것이고 시 나부랭이가 다 되어도 안 부르면 맘먹은 희곡과 대본 한두 권 남기면 좋고. 헌데 사방이 저리는 거야 어쩔 수 없다지만 눈앞에 환하던 기억마저 띄엄거린다. 기도하는 심정으로 떠올리려 용을 써도 게으름뱅이에게 하늘은 한 치의 용인이 없더라. 불쌍한 건 처자식이요 죄송한 건 돌아가신 어르신들이다. 평생 괴롭힌 시 귀신이야 어디서 굶어 뒈지라지. 이제 거의 돌아가셨다. 어디에 여쭐 수 없이 기억을 쥐어짠 기록이다. 시의 형식을 빌렸으나 시인지 모르겠다. 그런 시절도 있었더라 자손께 전하는 절실함이다. 내가 아는 만큼 썼다.

 -우이천가에서 박광배.

차례

1부 내 그리운 고향

오솔길	19
고향	20
밤하늘에 흐르는 흰 점	21
우울해지면 먹는 약	22
문헌서원	23
길산	24
영화배우 김진규	25
선돌이	27
있잖여	29
승학아 승학아	30
한 짐 지고	32
재뜸 재종할매네 초막	33
할머니의 방	34
장님 악사	36
하굿둑	38
서울, 돌아갈 수 없는	39
내 그리운 고향	40

2부 家傳

민며느리	43
증조할아버지 박성하	44
家傳	46
종조할아버지	48
초분草墳	50
두남리 당숙모	52
두 번째 홍역	53
엄마 때리지 마	54
오시래 안의 엄마	57
적 읽다	58
사랑은 언제나	60
가슴에 털 난 사나이	62

3부 개밥바라기

그 추운 날	67
두레	68
갑오난리 때 말이다	69
공출	73
전란	76
귀신이 흐느끼는 땅	77
노름꾼 박우용 遺事	85
판교	90
그 시절	92
남장 여인 김옥선	94
1970년 무렵 금강하구	96
부르조아라는 귀신	98
종전終戰	100
백마고지	101
서천 가는 길	103
울타리 꽃	105
개밥바라기	107

4부 건지산 범바위

신령	111
나의 임종	112
돌배 웃다	113
뒷동산 참나무 구멍 꿀 익는 내음	114
건지산 범바위	115
상괭이란 놈이	117
낮도깨비	118
박서방 상괭이 타고 가더라고	119
할매 가라사대	121
멀고 아득한 이야기	123
고향이 들려주신 이야기 선물	125
보령 남포가 친정인 외할매가 들려주신 이야기	126
조로 간다	127
추리대마왕	130
갈바탕이 끝없이 펼쳐졌던 시절이 있었단다	132

해설 _ 충청도(인)의 줏대와 호흡, 말투의 능청스런 웃음의 맛 135
전상기(문학평론가)

1부

내 그리운 고향

오솔길

바람이 다니는 길이 있었다.
풀씨가 뒤를 따랐고
나무가 길을 내었다.
들꽃들이 달려가자
벌 나비가 뒤를 쫓았다.

바람이 다니는 길이 있었다.
산새가 누군가를 부른다.
다람쥐 가족이 기어들었다.
노루가 돌아다보았다.
돼지가 고목에 몸을 부빈다.
풀섶을 헤치며 약초꾼이 나타났다.

바람이 다니는 길이 있었다.
해가 비추고 구름이 흐르고 달이 뜬다.
여전히 풀꽃은 나무들과 길을 떠난다.
저들과 하염없이 걷는다.
엄마가 막내랑 토방에 앉아
강낭콩을 까고 있는
오두막이 나올 때까지.

고향

떠돌다 떠돌다 고향집에 가면
할매 모시 째다 말고
내 새끼 내 새끼.

내가 길을 나서면 큰샘가에 서서
들어가시라 들어가시라
철철 울고 계실 거라.

버스가 소로지 모롱이를 돌아갈 때까지
마냥 마냥.

밤하늘에 흐르는 흰 점

동아실 할아버지네 제사에 갔다가
엄마랑 논둑길을 걸어오는데
별이 하얗게 내려앉았다.
풀무리산 너머로 은하수가 흐르고
별들 사이로 하얀 점이 가는 듯 마는 듯

'저건 인공위성이란다'

별들 사이로 풍선배˚ 흐르듯.

˚ 거기서는 황포돛배를 그리 불렀다.

우울해지면 먹는 약

엄마랑 장거리에서 나눠 먹던 맛을
잊지 못한다.
씹히던 비계, 비계에 붙은 털이
목구멍을 긁고 넘어가는 맛.
비릿한 면 냄새.

오늘도 짜장면 먹으러 간다.

문헌서원

학교 가서 첫 소풍을 어느 기와집으로 갔다.
거기 안방에 걸린 초상화가,
중학교 때 교과서에서 '어 이거 나 봤다'
목은 이색이었다.

집에 오다 보면 신작로 가에
아담한 기와집이 있었는데
마루에는 늘
상투에 망건 쓴 할아버지가 앉아 계셨다.
우리 반 아이 할아버지였다.

한산장에 가면
흰 두루마기에 갓 쓴 노인네들이
고깃근이나 끊고 국말이를 드셨다.
단발령도 창씨개명도 관계없는 고집불통들.

길산

직장을 못 잡은 아버지는 동생이 태어나자
시오리 떨어진 엄마 학교 옆에 셋방을 얻었다.
어찌나 쥐가 많은지 아버지가 바늘로 천장을
콕 찌르면 찍 하고 달아나곤 했다.
하루는 자다 깨 보니
엄마가 멍하니 앉아 넋이 나가 있었다.
다음날 우리는 바로 본가로 들어왔다.

머리가 허연 산발한 노인이 나타나

'애들아 정신 차려라'

무릎을 흔드는데 눈을 떠 보니
그때까지 다리가 후덜덜거리더라고.
쥐들은 문틀을 난리 치며 오르내리고.

아버지 말씀이

"할아버지 오신 것 같다"

얼마 있다 그 집에서 살인사건 났다.

영화배우 김진규

길산 옛 쌀 창고에 영화가 들어오면
가마니 깔고 영화를 봤다.

'그때 주인공이 마산 사람이란다.
그 사람 사촌이 우리 학교 선생님이었어.
시제라든가 명절 때면 자주 온단다'

그는 마산면 관포리 사람이었다.
일제 때까지 샛강을 거슬러 배가 들어왔다는
부자 동네.
거기서 신작로 따라 바로 넘어가면 부여 홍산이다.
『삼국사기』에 동성왕이 자객의 칼을 맞았다는
마포촌이 거기.
어느 날 생가를 찾았더니 촌노들,

"90년대 초에 케이비에스에서 한 번 찾고
아무도 안 왔어"

육촌 동생,

"'성웅 이순신'으로 망하기 전에는 자주 오셨지요.

모교인 지산초등학교랑 서천중학교에 풍물 등속을
기증도 하시고 신경을 쓰셨어요"

표지석 하나 없는 아름다운 마을.
김녕 김씨 집성촌이었다.

"저기 군축산에서 동성왕이 칼을 맞았어.
무령왕이 백가를 잡아 목을 친 게 한산 갯가여"

천오백 년 구전에 기겁을 하고.

선돌이

웃음이 떠나지 않던 우리 집 일꾼,
부부가 아랫방에 살았지.
입담 좋고 손재주 좋아 뚝딱 맷방석도 만들고
사내끼도 한 바퀴 금방 꼬아놓고
팽이도 깎아 주고
어느 날은 들에 나갔다가 커다란 게우를 잡아 와
푸짐하게 지져 먹었네.
노란 올병이도 주워 오곤 했지.
그는 스물 서넛, 나는 아마 네다섯 살쯤
선돌 각시는 예뻤어.
선돌 영장 나와 군대에 갔네.
강원도 전방 어디라는데.

제대한 선돌이, 할아버지 앞에서 꺼이꺼이 울었네.
면회 왔다가 선돌 처 선임하사와 눈이 맞아 떠났다고.

"선돌아 선돌아 옛날 얘기 하나만 해주라"

쥐똥만 한 게
저녁이면 쪼르르 신혼 방에 들앉은 통에
할매 애먹었다네.

'옛 얘기 좋아하면 가난하게 산다는데'
고향집에 가면 할매 빙그시 웃으며.

* 일꾼: 우리 동네서는 머슴이라 부르지 않았다. 느낌이 다르다.
* 사내끼: 짚으로 꼰 끈. 새끼.
* 게우: 거위를 말하나 본데 앞들에 까맣게 내려앉은 기러기를 그리 불렀다. 늦가을이면 어마무지하게 하늘을 뒤덮었다. 종류가 많을듯하나 끼룩끼룩하는 울음소리만 남았다.
* 올병이: 오리 새끼. 꿩 새끼를 꺼병이라 하니 내가 만들었다.

있잖여

일곱 살 때,
신명 좋은 논산 고모도 오시고
우리 할매 종조할매 동네 아줌 할매들
아랫방에 잔뜩 앉아 모시 삼는데
입담 좋은 종조할매 자꾸 약 올려.
여태까지 부랄 못 봤다고 없는 거 아니냐고.
고모랑 할망구들 맞장구치고
누구는 앉아서 오줌 누는 거 아니냐 했쌓고.

"아니라구 나 붕알자지 있다구"

암만해도 족제비가 따간 모냥이란 말이
나오기 무섭게
식식거리며 고무줄 바지 홀렁 내리고

"있잖여!"

고모서껀 할망구들 뒤로 넘어가고

"지랄허구 자빠졌어"

눈물 글썽이며 소리 빽 질렀네.

승학아 승학아

저기 똘둑 건너말
노승학이네 애비 노철호 영감이 죽어
초상을 치르는디 말여.
염헐라구 모였넌디 안방이서 뭔 소리가 나드랴.

'자네 부르잖나?'
'방이 암두 읎는디유?'
'손님 있는개뷰. 당신 부르잖유'

그래 검비검비 들어가 보니 암두 없구 병풍 뒤서
"승학아 승학아" 부르는 겨.

'어느 놈이 초상집서 장난치는 겨'

병풍을 걷어 보니깨 어매.

"목마르다 물 좀 주라"

그러는 거여.

그래서 어떻게 됐대유?

〈
어떻기는 초상 작파허구 자리보전 혔지.
사흘 만에 발딱 일어나더라네.
사람들이 저승 어떻더냐구 자꾸 물어봐두
눈만 꿈벅꿈벅 허지 저승 다녀와서 버텀은
그 영감 말이 없어졌드라네.
툇마루에 앉아 먼 구름만 보매 뭔 생각을 허는지.
그러구 8년을 더 살구 여든둘에 갔더란다.

한 짐 지고

"똘둑길로 한 짐 지구 웬 놈이 비척비척 오는 거여.
가만 보니 재뜸 차 서방네 둘째 아들이네.
어느 날 없어지더니 십 년 만에 나타난 겨.
낭중이 얘기 들어보니깨 아 지보다 큰 가방이다가
돈을 그득 지구 왔드랴.
진남포서 방앗간을 했다나 공장을 했다나"

"그려서 워쪘대요?"

"논마지기나 샀다나.
잘 먹구 잘 살은 거 같지두 않구"

군산서 미두*米豆 해서 다 날렸다네.

* 미두*米豆: 예전에 쌀 콩 따위의 곡물을 시세 변동을 이용하여 현물 없이 약속으로만 거래하던 일종의 투기행위.

재뜸 재종할매네 초막

할매 따라 흙집에 갔더니
무지 더운 어두컴컴 흙바닥 베틀
재종할매 앉아 모시 짜는데

춤추는 듯 나는 듯
신 올라 신 올라
온통 젖어 내려.

할머니의 방

태어나고 자라고 몸 부벼 살아온
할머니의 터전은 흙이었습니다.
아파트 베란다에 우두커니 서서
잡풀 우거진 야산 등허리만
하염없이 바라보는 할머니를
탓할 수는 없었습니다.
'나 갈란다 젤루 똥 못 눠서 못 살것다'

갈대울타리 너머 채전 밭에서 꼼지락거리는
할머니는 즐거운 듯 보였습니다.
이제 아무도 남아 있지 않습니다.
들과 산과 찾아드는 새들은 그대로인데
냉장고 테레비 세탁기 전화 라디오
하나씩 들어올 때마다
어김없이 하나둘 떠나갔습니다.
가서 안 올 듯이
정말 오지 않았습니다.

억새풀 무성한 선산 할아버지 무덤 곁으로
이제 할머니 이 집을 떠나실 때
무엇이, 덩그마니 남은

텅 빈 방들을 채워줄까요.

모래바람 부는 거리를 헤메일 때.

장님 악사
-장항 군산 간 뱃전에 서서

그의 노래를 들어 보셨나요.
끊어질 듯 이어질 듯 가만가만 우는 귀뚜라미
눈먼 악사가 떠나는 우리를 전송합니다.
어매 치맛자락 잡고 군산엘 갈 때나 역전에서나
사람 모이는 곳이면 언제나 울리고 있었지요.
그 고물 기타는 내가 커서
푸른 제복을 입고 나왔을 때도
거기 그렇게 울리고 있었습니다.
보청기를 낀 노인네가
기타 가락에 덩실덩실 춤추는 걸 보고
하마터면 울 뻔도 하다가
무심코 주머니를 뒤져 그의 손가방에
천 원 한 장을 넣어 주고는
부두로 부리나케 빠져나왔었지요.

약장수도 사람은 다르지만
구성지게 입품을 팔었쌓고
다라이 가득 생선이랑 감 배추 혹은 감자
멸치를 인 아주머니 행렬은 거기 그대로 있는데
그가 보이지 않습니다.
보이지 않는 사람은 그뿐이 아닙니다.

〈
눈먼 그가 끊어질 듯 이어질 듯
귀뚜라미 노래를 부릅니다.
죽은 어매가 둘러선 사람들 틈에 보입니다.
한쪽 구석에
할아버지도 단장을 짚고 계시는군요.
어딘가 있을 겁니다.
초롱한 눈망울 굴리며
두리번거리는 어린놈.
큰 머리를 놀림받던 맑은 눈.

하굿둑

너른들 논두렁, 기어다녔다.
샛강 용, 꿈틀거렸다.

수만 년 두런대던 땅

경지 정리 시작되고 공장이 되었다.
방죽이 되었다.

서울, 돌아갈 수 없는

먹고살겠다고
근사하게 한번 살아보겠다고
하이햐 서울로들 몰켜와
네온이 번쩍이는 거리를 지친 몸 끌고
쥐 떼들처럼 우왕좌왕
한잔 술 아니 아니 노래방서 한바탕 흔들고
멋지게 한 곡조 후련하게 뽑아
빌딩숲 골목골목 비틀비틀 헤매다가
뿌연 눈앞에 아뿔싸
짙푸른 고향 들녘이
염생이 몰고 오다 바라본 양떼구름 새털구름이
어쩌다 번쩍 스치는데
고개 들어 홱 젖혀 빌딩 새배기
손바닥만 한 건 그게 하늘이지.
그곳에는 끄무레하니 별들도 있고
어쩌다가 달도 뜨고
한줄기 바람이 가로수를 흔들면
그래도 말이다 그래도
가슴 한구석 짜안한 게
하, 벌써 가을이구나.

내 그리운 고향

들판 멀리 불빛 두런대는 어름
버스 타고 지나다 더듬네.

불빛 꺼진 지 오랜 고향집.

허물어져
들고양이 불 켜고 섰겠네.

할매 혼령 떠다니겠네.

2부

家傳

민며느리

'뒷너머 옴팡간에 갔더니
열한 살 어린 것이 마당에 쪼르르 나와
엉뎅이 훌렁 까고 오줌을 누더라.
시에미 자리 선보러 온 줄도 모르고'

열여덟 살 박성하와 열한 살 노승희는 혼인하여
박성하 스물일곱에 박재옥을 낳았다.

"시집오니 할머니가 어찌나 예쁘던지
집안 인물이 좋은 것은 할매 미인이라서다"

게딱지 하나면 밥 한 그릇 뚝딱 잡수시며
오물거리던 모습이 선하다.

증조할아버지 박성하

"뭣혔간디 흙투셍이유?"
"지 지집 밑구녁이나 지 혼자 쓰는 거지.
여럿이 쓰는 물구녁을 지 혼자 써?
논구럭이다 처박구 꽉꽉 밟어주구 왔다"

족보 하나 끌어안고
노씨 집성촌에 타 성씨로 들어와
완력으로 근동을 휘어잡았다는 잡놈.
짚세기 삼아 한 짐 지고
서울에 짐승 모아놓은 곳이 생겼다 하여
구경 갔다 와선

"야아 코가 긴 짐승도 다 있더라"

은산별신굿서건 근동에 굿 났다 하면
만사 제끼고 구경 나섰더라네.
'툭하면 집에 여자 데려다 자기 일쑤니
할매 속이 얼마나 터져나갔으리'
어매 말씀.

"계집은 끌면 품에 드는 거"

〈
평소 지론이었다는 할매 말씀.
당숙 여섯 살 때.

"원희야. 부랄 좀 보자"
"저 시벌름은 툭허먼 자지 보자구려"
"허허 저놈 주댕이가 영글어서 장개 보내두 되것다"

그때 부엌에 종조할매 뽀로송하니

"원희야 뭐라 했간디 시비냐?"

시아배와 사이가 안 좋았더랬다.
자꾸 애가 떨어진다고.

家傳

열네 살, 열한 살, 여덟 살, 다섯 살, 궤 하나씩 메고
족보 하나 품고 어느 부부 야밤에 고향마을을 떴다.
웅천 도화담 계곡 근동에 잠시 몸 붙였다가
들 넓은 데 살자 화양뜰 어름 노씨 집성촌,
다 쓰러져가는 옴팡간에 들었더란다.
가장은 시름시름 앓다 죽고 열두 살 박성하는
홀로된 어머니와 열다섯 살 누나와
아홉 살 여섯 살 동생들, 가장이 되었더라.
누이는 홍산 어느 집 재취로 가고
동학꾼이 들이닥쳤을 때
큰할아버지는 치를 쓰고 숨고
작은할아버지는 절구통 뒤에 숨고
막내 할아버지는 구럭을 뒤집어쓰고 숨었다데.
찢어지게 가난한 집구석에 쌀섬이나 놓고 가야 할 판.
동학꾼들 둘러보더니 그냥 가더라네.
집성촌에 타성바지가 흘러들었으니 오죽했을까.
무늬만 양반이지 뭔 공부를 했어야지.
낫 놓고 기역 자도 모르는 욕쟁이 어린 할아버지
그때부터 맞짱 떴나 보더라.
열두 살 어린 것이 근동을 석권할 때까지
얼마나 얻어터졌을까.

모조리 때려눕혀 상일꾼에 등극하니
가마 타고 일을 보러 다녔다더라.
교하 노씨와 사돈을 맺어 증조할매부터 여덟 아낙이
고령 박씨네로 시집 왔더라.
그리하여 마산면 지산리에서 기산면 두문리가
고향이 되었다.
주먹쟁이 욕쟁이 상무식꾼이 자랑스런 내 조상이다.
고령 박가 참의공파.
개뿔.

종조할아버지

학교 갔다 올 때 보면
지금은 고속도로가 지나는 통박꿀 산비알.
수박을 놓아 원두막에 누워 계시던 종조할아버지.
우리 집에 마실 오셔서 윗목 아랫목 형제분이 앉아
곰방대를 피우는데 왼종일 한마디 없는 거라.
보는 사람이 속 터져

"입 뒀다 엇따 삶아 먹을라구. 어이구"

농사일은 종조할머니 몫이고 까딱 않는 먼산바래기.
당고모 당숙 국민학교만 겨우 나오셨다.

잘생긴 종조할아버지 홍성서 순사 노릇 하셨단다.
하루는 장작더미서 도둑놈을 잡았는데

"조선놈이 왜놈 개 노릇을 하는가?"

쌍불을 켜고 부르대니 그날로 앓아누워
열흘 만에 일어나더라네.
순사질 더 못하고 고향으로 돌아왔더란다.
그때부터 불면증이 와서 사람이 잠을 못 자니

시들부들 반편이 되더라고.

정신이 들어왔다 나갔다 나중에는
증조할머니 돌아가셨는데도 멍하니 앉아 계셨다.
증조할머니 가시고 이태 후에 돌아가셨다.

초분草墳

"이 동네두 초분 했슈?"
"그게 뭐디?"
"사람 죽으면 바로 묻지 않구 나무 엮어서
올려놓는 거 말유"
"그거 돌림병으로 죽으면 동네서 먼디다가
거적으로 둘둘 말어서 얹어 놓구서리
이엉 엮어 덮어 놨다가 뼈만 남으면 묻었어"

어느 해 호열자가 돌아서 근동에 사람들이 죽어나
갈 때 니 할애비도 출근했다 오더니 바로 눕더라.
구석방에 몰아넣고 혼자 앓었지
니 증조할애비, 맨날 일등만 하던
잘난 아들 잃을깨비 어쩔줄 몰라하구
니 증조할매는 저녁마다 눈물바람이었어.
그때는 하도 많이들 죽어서 할애비들은
손孫을 남기려 별짓을 다했다.
식구들이 몽땅 죽어 나간 집도 많었어.

"그래 할아버지는 어찌 일어나셨대요"

몇 날 며칠 앓더니 모깃소리 맨키로 불러.

이제 갈란 개비다 하고 가봤더니
해골같이 퀭한 눈 해 가지구는 밥 달래드라.
그 해는 흉년도 들고 하늘이 까만 게.

* 호열자: 콜레라.

두남리 당숙모

첫째 원배를 낳고 나서였을 거여.
그해 장질부사*가 돌았네.
우리 집은 다섯 식구가 앓아누웠어.
살라고 나는 안 걸려서 병자 뒷바라지하는데
동네 우물로 빨래하러 가면
사람들이 싸악 피하드만.
밤에 몰래 가서 물을 길어다 빨래했네.
식구들 다 일어났는데 자식 열둘 낳은
시어머니만 못 일어나셨어.
동네로 시집와서 징글맞은 세월
다 지내고 나니.

* 장질부사: 장티푸스.

두 번째 홍역

아홉 살 봄, 뒷너머로 제금 날 때
온몸에 꽃이 올라
손바닥 울긋불긋 진달래가 피었다.
이삿짐 싸던 아버지
무서운 얼굴로 동생들과 떨어뜨리더니
아랫방에 감금했다.

나는 그렇게 큰집에 남았다.
그 봄 하늘이 내려앉은 까만 대낮.
그날로 갓방서 보리차만 마시며 설사를 했다.
눈물 글썽이며 한숨을 내쉬는 할머니.
담 넘어 뛰노는 주래 승록이 재항이 현래 소리에
어질어질 환장하고 동생들에게 옮는다고
아버지는 먼 데서 보고 가곤 했다.
가끔 동네 의사 승만 씨가 자전거 타고 와서
주사를 놔주고 갔다.

한번은 마당에 나가 설사를 하는데
하늘이 노랗더니 거뭇거뭇해지며
그대로 쓰러졌던가?
천장에선 쥐가 난리 치고
가물가물 죽에 보리차에 죽에 보리차에.

엄마 때리지 마

한 번 돌면 걷잡을 수 없었다.

'네 아버지는 다정다감한 사람이었다.
네 외가에 갔다 와서 며칠 앓더니
사람이 변하더라.
거기 포강이라고 연못이 있다며.
점심나절 지나서 해가 쨍쨍한데
금잉어 노는 것을 보다가 깜뭇했다더라'

자다 깨면 고래고래 소리 지르며 엄마를 패고
엄마는 망연히 얻어맞고 이불 속에서
'엄마때리지마시발놈아' 귀 막고 울다 잠들고
온몸이 시퍼런 엄마, 출근하는 엄마.

고향집에서 어쩌다 보니 괴테 시집이 나오는데
맨 뒤에 아버지 이름이 있는 게 아닌가.
단기를 계산해 보니 해방 후였다.

"아버지가 괴테를 다 보셨어요?"
"야 임마 너만 문학하려고 한 줄 아냐?"
〈

'고3 때 전쟁이 터졌다.
1년 선배가 소설 쓴다는 구인환이다.
독일어 선생이 계셔서 공부 열심히 했다.
제대하고 서울서 학관을 다녔는데
신흥대 국문과 갈까 국민대 국문과 갈까 그랬다.
고교 때 농업 선생이 충남대 교수로 가서서
인사 갔다 잡혀 버렸다'

"다 죽여버릴 거여. 몽감땡감 해 버릴 거여"

외할매 한 번은 '대추방맹이로 니애비 두들겨 패라'
마음속에서는 대추방망이 춤추고.

"왜 아배는 그 모냥이오. 외삼촌, 아저씨 같지 못하고"
"그 사람들은 팔자가 좋아서 그렇다"

가만 보니 두 분은 군대를 안 갔다.
외삼촌은 독자라고 우체부도 하며
국군이건 인민군이건 이리저리 빠지고
아저씨는 대학생인데다 어른들이 애달 복달 힘써서
결국 빠졌다 한다.

한 분은 세상이 어찌 돌아가건
기화요초와 자연 속에서 장자처럼 사셨고
한 분은 나이 든 어린애처럼 해맑으셨다.

"아버지는 공군 가셨잖유. 거기서두 전투허셨슈?
도대체 뭔 꼴을 겪은 거요?"
"덤으루 산다"
"그럼 우리는 덤으로 태어난 거요?"

오시래 안의 엄마

"학교 가고 출근할 땔 거여.
낫 들고 죽인다고 펄펄 뛰는데
낫 가지러 간 사이 엄마가 없어.
우리는 마당으로 밭으로 도망갔어.
아빠 날뛰다 출근하고 살그머니 들어와 보니
오시래˚ 안에서 울음소리가 나데"

"나는 기억에 없다"

"오빠는 일찍 학교에 갔나? 서울에 있었나?"

컴컴한 오시래 안에서 얼마나 무서웠을까.
어린 자식들 하고
살 수도 없고 죽을 수도 없고.

한밤중 소처럼 울었다.

* 오시래: 일본식 집의 붙박이장.

적 읽다*

할아버지가 밤에 소리를 하더니 걷어찼싸서
할머니는 건넌방에서 주무셨다.
앉아서 뭐라 뭐라 하다가 기어다니기도 하셨다.

할아버지랑 자는데 시끄러워 깨어 보니
중얼중얼거리다가 소리도 지르고 손짓도 했다.

"할아부지, 밤에 떠든 게 뭐랴?"
"연설했다"

할머니는 무당을 불렀다.
대문간서부터 방 부엌 마루 처마 곡간 장광,
연 꼬리 같은 데다 글을 써 너풀너풀 붙이고는
장구 앞머리에 꽹과리를 매달아
쉬지 않고 두들겼다.

어디어디 무슨 대왕
어디어디 무슨 귀신

줄기차게 불러대며 소지하는데
안방에 앉은 할아버지 머리 위에도

불붙은 백지가 날아올랐다.
아버지는 대종산에 비석을 세운 다음부터라고
두런거렸다.
굿을 해도 효험이 없자
할머니는 예배당에 나갔다.

* 적 읽다: 서천은 굿을 그리 불렀다. 1960년대 동네서는 적 읽는 소리가 흔히 들렸다.

사랑은 언제나

교회서 비인 해수욕장에 놀러갔다 와서는
뭔 정이 담뿍 들었는지 혼인허겠다구 난리여.
구두닦이 해 가며 학비 번다는
불알 두 쪽만 찬 의대생이 뭐가 좋다구.
니 할아버지 펄펄 뛰구 젤로 이쁜 자기 닮은 딸내미
서울서 대전서 혼담이 줄줄이 들어오는디
학교 선생에 이쁘지 거기다 도도하구 새침해서
소문에 몇 앓아 누웠더라는데.
한번은 말대꾸 허는 걸 '이년이' 허며
물을 한 세숫대야 끼얹었는데두 꼼짝 않고 노려보니
성질머리 시퍼런 니 애비두 누워 버리드라.
그 똑부러진 년이 뭐에 씌웠는지
죽어 버린다구 울었싸니 어째.
내가 군산에 가서 할망구 만나 봤지.
찢어지게 가난헌 집구석에 6형제 다섯째라.
할망구 미숫가루 한 사발 타주는데
눈매가 선허드라구.
그래서 니 할애비한테 '그냥 줘버립시다' 그랬네.
대학생헌티 시집가서 징그랍게 고생했지.
말 없는 영감탱이,

오죽 속상했으면 물통을 걷어찼을까.

젊어서는 여자 간호사도 못 됐다.
고모부 바람난다고.

가슴에 털 난 사나이

"우리 집안서 딱 하나 가슴에 털 난 놈 있다"
"누구래유"
"뒷너머 명희"

머리가 살짝 벗겨진 당당한 체구에 둥글넓적하니
형제 중 제일 잘생긴 아저씨.
집안 대소사 때마다 돼지도 잡고
달려들어 일하시던 시원시원한 성격이었다.

"그놈이 장개갈 때 건너말 노승래네 집
담 뛰어넘어 들어가서 경희 내어 놓으라고
난장을 지르니 애비랑 형제들이 가만있나.
지게작대기로 두들겨 맞었지.
그 발정난 놈을 어찌 당하나.
'경희야아 경희야아' 고래고래 울부짖으니
못 친 아랫방서 니 당숙모는 발광 났구.
'때리지 마 개새끼야'"

"그래서 어찌 됐는디유?"

"동네혼사 안 허는 거라구 했쌌구

아배끼리 사이가 안 좋았어.
그래두 어째야 젊은 것들이 죽구 못산다는디"

나중에 당숙모들끼리 하는 얘기가

"그때 어쨌어?"
"멋있었어. 겁나게 멋있었어. 그리 뚜드려 맞으며
나를 부르는 사내가 시상에 어딨것어"

3부

개밥바라기

그 추운 날

젤로 추운 날 새벽에
밥하러 부엌짝에다 불을 지피는디
스무 살이나 먹었으까 새파란 새댁이
젖먹이 업고 밥 얻어먹으러 왔드라.
집이 어디냐니까 들 건너 동네랴.
그 추운 날
모시적삼에 부지가 꺼멓게 비치더라니께.

"왜 그렇대요. 안 물어보셨슈?"

남편은 돈 벌러 가서 소식 없고 시아버지는
시름시름 앓다 죽었고 시어매는 누워 있다 해서
쌀하고 밥이랑 짠지랑 옷가지 애기랑 입혀서
몇 점 들려 보냈다.

전쟁도 훨씬 전 왜정 때 이야기.

두레

네 증조할아버지는 일거리가 생기면
동네서 가장 가난한 집부터 일을 주셨다.
명절이 오면 가난한 집들에 일꾼을 시켜
쌀 두어 말씩 돌렸다. 그저 명절 쇠라고.
우리 집은 그럭저럭 밥 안 굶는 중농이었다.
또 할아버지가 학식이 있는 분도 아니었다.
그때는 그리 살았다.
네 할아버지가 인공* 때 안 돌아가신 것도
할아버지가 쌓은 덕이었나 싶다.

* 인공: 인민공화국의 준말로 6·25 전쟁 때 북한에 점령되었던 시기를 어른들은 그리 불렀다.

갑오난리 때 말이다[*]

금당리와 두문리가 들을 가운데 두고
사이가 안 좋은 이유가 뭔지 아냐?
두문이는 너른 화양벌 지주들이 많았고
금댕이는 소작인들이 많았단다.
한날 금댕이 동학쟁이들이 전라도 동학군들을 몰아
갈대배를 엮어 타고 야밤에 떼로 쳐들어 왔단다.
한산읍성을 절단 낸 무리들이 풀무릿산에 진을 치자
전갈을 받은 서천읍성 관군들은 두문이 동산
불꼭지에다 진을 쳐 일진일퇴하는데
동학군 세가 어찌나 센지 관군이 밀렸더란다.
관군이 길산 쪽으로 후퇴하는 와중에
비인 접주 최 아무개가 서천읍성을 기습하여
화약고가 폭발하니 관군은 천방산으로 퇴각할 밖에.
급히 홍주목사에게 원군을 청하였단다.
홍주목이라고 별수 있나 거기도 난리인 걸.
보낸다 못 보낸다 버티니 경군을 청할 밖에.
경군이 홍산을 거쳐 한산읍성을 회복하고
길산포에 매복하자 마침 서천읍성을 점령했던
무리들이 본진으로 돌아오려 길산천을 건느더란다.
일제히 방포하여 흩어지는 무리들을 몰아붙여
읍성을 회복하였단다.

피난 갔던 사람들이 돌아와 보니
두문이 다섯 동네에 성한 집이 딱 세 채 남았더라네.
어찌나 싸움이 컸는지 서천 길산 어름 들판에
동학군 관군 송장이 즐비했더란다.*

* 갑오난리 때 말이다: 할머니 노수봉 전언. 세밀한 부분은 향토사학자 유승광 선생의 글을 빌었다.
* 서천 길산 어름 들판에 동학군 관군 송장이 즐비했더란다:
할머니 노수봉, 어머니 김의순 전언.

- 『향토사연구』, 유승광, 서천문화원.
주목되는 인물로 북접 법헌으로부터 도집강으로 임명받은 조영구를 들 수 있다. 저산 팔읍紵産 八邑을 관할했던 것으로 여겨지고 그 휘하에 남포의 백 접주, 종천의 임 접주, 산천리의 한 접주 등이 있었다고 한다. 또한 비인에 최재홍의 활약도 있었다고 하며 (기록은 없지만) 어떻게 싸웠는지에 대한 사실은 확인할 수 있다.(322쪽)

도집강 조영구는 아버지 조동석이(항의하다 죽었는데) 조영희의 처, 이완용의 누이(손 위)가 죽어 선산에 늑장勒葬을 함으로 이를 찾고 아버지의 원수를 갚고자 동학에 입도하여 양반의 횡포에 대항하고 있다.
"埋葬한 趙塚은 趙英熙의 妻요 當時 侍從大監 趙重國의 母요 李鎬俊(判書)의 女, 李完用의 姉."(324쪽)

서천지역 동학 농민전쟁은 북접의 영향으로 도인들이 동학의 포접을 통하여 활동하고 동시에 불법한 일을 저지르지 말라는 통유문에 따라 교단의 지시를 적극 따른 것으로 보인다.(325쪽)

서천지역 동학농민전쟁의 의의는 양반의 횡포에 대한 불만으로 동학교도의 확산과 신분적 차별을 극복하고자 하는 동학 본래의 평등사상에 기저를 두고 기포하여 화양산 전투를 승리로 이끌고 한산읍성, 서천읍성을 점령하게 된다. 이는 북접의 지도하에 있었지만 남접인 호남 농민군의 협조로 이루어지고 있음이 확인이 되었다.(326쪽)

노래 4편을 붙인다.
- 임동권 편(『한국민요집 6』, 집문당, 1981, 52쪽~53쪽, 1912년 수집분).

난리가 났고나
난리가 났고나
舒川 吉山이 獨난리 났다
東學薫 五百名
兵隊는 三百名
都合 八百 合勢를 하얏는데
東學軍中에 姦臣이 들어서
沒死 죽엄이 났다
(韓山郡)

山아 山아 白頭山아
눈비 맞어서 白頭山인가
잎사귀가 피어서 靑山인가

꽃이 피어 花山인가
저 山中에 보고 싶은 님 있건마는
안개가 찌여서 볼 수가 없고나
(韓山郡)

어찌하다가 길을 걸은즉
이상한 새가 운다
赤壁江의 怨魂이 되야
新軍은 어대 두고
舊軍만 바라고
大聲痛哭을 하는고나
(韓山郡)

새야 새야 파랑새야
솔잎댓잎 푸룻푸룻
夏節인줄로 생각하고
나왔더니
夏節은 다 지나가고
冬至섣달 雪寒風인데
저 건너 푸른나무가
나를 속이었다.
(韓山郡)

공출*

쌀 놋그릇 모시 모조리 가져갔다.
살려면 어쩌겠니
집집마다 볏섬을 숨길 수밖에.
왜놈 순사와 앞잡이들,
여기저기 꼬챙이로 쑤시고 다녔다.
그들은 혼자 다니지 않았다.
꼭 일고여덟 명이 모여 다녔다.
광 밑에 땅굴을 파 숨겼던 네 증조할아버지
벌벌 떠시고 어머니 할머니는
왜놈 순사에게 마구 욕을 퍼부었다.

"시발놈 개새끼 빠가야로"

허리춤에 찬 칼을 쥐고 잡아먹을 듯이 노려보더라.
하루는 친구네 집에서 숨긴 볏가마니가 나오자
스무 일고여덟쯤 되는 왜놈 순사가
팔십이 넘은 친구 할아버지 아구통을 후려치니
개구리 뻗듯 쭉 뻗어 발발 떨더라.
동네에도 앞잡이들이 있었다.
그들은 공출에도 끄떡없이
동네 사람들 만주서 온 콩깻묵, 국수 먹을 때

고기 굽고 살았다.
해방이 되어도 별 탈 없이 살더니
전쟁이 터져 세상이 바뀌자
대전형무소 우물에 처박혔더란다.

어찌나 배가 고픈지
아침이면 어머니 눈물짓고 우리는 울고
탁 난 콩깻묵에 국수 콩깻묵에 국수,
그 많은 쌀은 장항항, 군산항에 산더미처럼 쌓여
시모노세끼로 간다는 미곡선에 실리더라.
그때 일본은 쌀이 넘쳐 파동이 났다고 한다.
성도 바뀌어 우리 집은 高本이었다.
학교서 조선말도 쓰지 못했다.
열한 살 때 조선말이 불쑥 튀어나와
스물댓 살 먹은 일본인 선생한테
한없이 따귀를 맞았다.

"일본은 불구대천지 원수다. 통일해서
네 자식 손자 대라도 일본을 쳐라"

아버지 대장암 수술하고 유언이라 하신 말씀이다.

* 공출: 스털링, 페기 시그레이브 저, 『야마시타 골드』, 김현구 옮김, 옹기장이, 2003, 57쪽~63쪽 참조.
* 대전형무소 우물에 처박혔더란다: 이나미 저, 『이념과 학살』, 선인, 2013, 참조.

직경 2미터의 우물은 둘레 6.3미터, 깊이 11.6미터, 수심 5.5미터, 수량 13,880리터이고, 직경 1미터 우물은 깊이 2미터이다. 이곳에서 시신 171구가 인양되었다고 한다.(179쪽)

벤 프라이스는, 형무소 내 치과의무실 직원으로부터 우물에서 죽은 사람들은 우물까지 끌려간 후 한 사람씩 세워진 채 총을 맞아 우물에 처넣어졌다고 들었다 하였으며, 박종철은 대전형무소 근처 사는 사람들에게서 피해자들은 우물에 넣어진 후 총살되었다고 들었다 하였다. 이준영은, 우물에서 시체를 다 꺼내는 데 3일이 걸렸으며, 연고자가 없는 시체는 형무소 후문에서 장작 위에 올려놓고 화장했는데 10일이 걸렸다고 했다.(180쪽)

* 탁 난(탁 나다): 떡, 메주, 유과 등 고체로 된 먹거리에 곰팡이가 슨 것을 흔히 그리 말했다.

전란

전쟁이 났다는데 그런가 보다 했다.
하루는 총소리가 요란해서 뒷동산에 올라갔더니
서천 읍내에 비행기가 폭격을 하는데
동네 노인들이

"성하는 좋겠네. 이런 꼴 안 봐서"

눈물 그렁그렁하니 울먹이더라.
네 증조할아버지 친구분들이셨다.
문상 가서 드신 초상 음식이 탈이 나
전쟁 전 해에 허망하게 돌아가셨다.

귀신이 흐느끼는 땅

인천 상류으로 퇴로가 막히자 북에서
지령이 내려왔다.˙

"등기소서 죽일 때 할아버지도 명단에 들어
있었단다. 2차 3차 명단, 다 제자가 빼주었더란다.
할아버지 제자였던 우리 학교 선생님 말씀이다"˙

해방 후 교육행정을 맡으셨던 할아버지.˙

"아버지 죽인다니 어떡하냐. 인민군 학도병 나갔다"

집결지 오산역서 미군기 폭격 와중에 도망질하여˙

"거지 거지 그런 상거지가 없더구나.
말도 제대로 못하고 부여 규암 친구 부축 받아
집에 와서는 보름을 앓더라"

"니 할아버지는 아들이 당신 살리려고 의용군 나간
것도 모른다. 내가 뭔 죄가 있더냐고 피하지도 않고
'죽이려면 죽여라' 꿈쩍 안 하셨다"

〈

"등기소 붉은 벽돌집에 몰아넣고 장작더미에 휘발유
뿌려 죽였다. 철문이 휘었더라. 서넛씩 어깨걸이하고
돌아가며 걷어찼던가 보더라"

할매, 그날 등기소 옆 관사에 물건 가지러 갔다가
이불 뒤집어쓰고 밤새 떨었더란다.
불이 올라오자

"앗 뜨거 뜨거 아이고오 뜨거 아무개야아 아무개야아
살려다고오 아이구 뜨거 아부지이 살려주우"

아들을 부르고 아비를 부르고 처자를 부르고
뻥 뻥 배 터지는 소리가 십 리 밖까지
밤새 들렸더라고.

중학교 때 생물 가르치던 박수하 선생

"열여섯 살이었다. 교장이었던 아버지 시신 찾으러
어머니랑 들어가서 뭉그러진 송장 더미 사이
옷 부스러기 보고 비스름히 찾아 모셨다"

〈
"동네서 끌려갈 때 기분이 이상해 논으로 튄 사람,
임시 수용된 건물 창문으로 도망친 사람은
살았다더라'"

"이후 주력은 대둔산으로 들어갔고
남은 완장 찬 부스러기들 무진 보복을 당했다.
모스크바 대학을 나와 북한 초대 소련 대사를
지냈다는 구 씨네 일가들, 이루 말할 수 없는
보복을 당했고 동네서도 모시 3필 시비가
세상이 바뀌자 보복과 보복으로 이어져
네 친구네 삼촌이 돌아가셨다.'
트럭에 싣고 가 홍림지에 산 채로 수장했고
한산 넘어가는 돼지고개에 생매장했다'"

귀신이 흐느끼는 땅.

* 1연: -한겨레신문. 2008년 2월 14일 자「한겨레」'서천등기소학살'.
'1950년 9월 27일 서천지역 좌익세력이 240~250명을 등기소 창고에 감금하고 불을 질러 살해한 사건이다. 진실화해위는 "인천 상륙으로 전세가 불리해진 상황에서 북한 노동당의 지시에 따라 서천지역 좌익에 의해 집단학살이 이뤄졌다."라고 밝혔다. 희생자들은 경찰과 국군의 가족이나 대한청년단 등 우익단체 인사들로 반공 활동을 했다는 이유로 희생됐다고 진실화해위는 설명했다.'
-『이념과 학살』(이나미 저, 한국전쟁 시기 좌익에 대하여, 선인, 2013). 노동당은 인민군 전선 사령부에 후퇴 명령을 내리는 한편 각 지방당에 '유엔군 상륙 시 지주支柱가 되는 모든 요소를 제거'하라고 지시하였고 전선사령관 김책 대장은 1950년 9월 20일 각 지역에 '유엔군과 국방군에 협력한 자와 그 가족은 전원 살해'하고 '살해 방법은 당에서 파견되는 지도위원과 협의하여 각급 당 책임자의 책임 아래 실행하라'는 명령을 하달하였다. 서천은 방화를 통한 소살燒殺이었고 대전은 총살해서 우물에 수장했으며 당진은 독살계획을 세웠으나 실패했다.(110쪽 '서천등기소학살' 부분)

1950년 9월 24일~26일에 미군이 상륙할 것을 예고하는 삐라가 서천 바로 아래에 있는 군산에 뿌려졌으며 9월 27일 01시에 서천등기소 희생 사건이 발생했다.(72쪽)
새벽 1시경 장작을 등기소 창고 외벽에 쌓아놓고 휘발유를 뿌려 불을 질렀다. 창고에 갇힌 사람들 일부는 그 상황에 의연하게도 "대한독립만세"를 불렀다.(90쪽)
어른들 말씀으론 일제강점기 때 지역에서 관직에 있었던 사람이 많이 희생되었다 하나 그렇지도 않다.

서천경찰서에서 확인한 「피살자명부」에는 경찰 48명. 국군 24명. 대한청년단 24명. 지역유지 19명. 우익협조자 18명. 의용소방대 11명. 면장 및 면직원 11명. 구장(이장) 10명. 종교 신자 6명. 방위장교 및 방위군 4명. 교장 및 교사 3명. 국민회장 2명. 형무관 2명. 사적 이유 2명. 기타 9명으로 나온다. 공식 보고는 240~250명, 미군 보고서는 280명, 유가족들은 360여 명으로 희생자 추정치도 들쭉날쭉하다.(87쪽)
　어른들은 300명가량이라 말씀하셨다.
* 2연: 어머니 김의순 전언. 군당 책임자 11명 중 할아버지 제자가 있었던가 보다.
* 3연: 해방되자 바로 군 교육행정을 맡으셨다 한다. 군청 산하에 있다가 1952년 교육자치제가 시행되며 초대 군 교육감으로 임명되어 1960년 4·19이후 전국의 군수 경찰서장 군 교육감이 일괄 파면될 때까지 역임하셨다고 들었다.
* 5연: 리영희 선생의 『분단을 넘어서』에 오산역 사건이 나오는 거로 기억하여 뒤져보니 아무리 찾아도 없다. 비슷한 시기에 다른 책에서 읽었던가 보다. 기억엔 오산역에 전국에서 집결한 십 대들 중 2,000여 명이 미군기 폭격에 희생되었다 했다. 그 아비규환에서 용케 살아오신 거다. 할매 말씀에 아버지께 여쭈니 "너 그거 어찌 알았냐"며 몇 마디 덧붙이신 거다. 이후 일언반구 말씀이 없었다.
* 7연: (이나미 저, 『이념과 학살』 한국전쟁 시기 좌익에 대하여, 선인, 2013, 참조). 서천군수 이만근은 군청의 확성기를 통해 공무원과 군민들에게 피난하라고 알린 후 보령군수, 내무과장, 산업과장을 비롯한 직원들과 함께 군산에서 남원을 향해 가던 중 전북 임실군 관촌면 슬치 고개에서 검문에 체포되어 피살되었다.(80쪽)
* 8연: '철문이~걷어찼던가 보더라' 박수하 선생님 증언.
　이나미 선생의 『이념과 학살』에서는 01시쯤 3차 명단에 든 사람을

끌어와 곧바로 불을 질렀다고 나온다. 빽빽이 들어차 켜켜이 쌓였다 하는데 철문을 걸어찰 공간과 시간이 있었을까? 하지만 직후 현장에 간 선생님 직접 증언으로 6·25날 수업 시간에 들려주신 말씀이다.

* 10연: 할머니 노수봉 증언. 여기서는 '아무개야아'로 썼지만 아들을 부르는 실명을 말씀하셨다. 1991년 무렵 메모장이 든 가방을 3호선 지하철에 놓고 내렸다. 아비의 마지막 절규를 전할 수 있는 기회를 잃은 것이다. 유족께 죄송할 뿐이다. 희생자 중에는 대한청년단 스무 살 청년도 있다 한다.

* 11연: 이모 김영숙 전언. 보령 사람 이모님 말씀이다. 당시 외부에 퍼진 소문일 것이다.

* 14연: 어머니 김의순 전언. 동료 교사의 말씀이었다는데 『이념과 학살』에 나오는 내용과 일치한다.

* 15연 4행: 큰고모부 나도병 전언. 1987년 무렵 서면 칠성초등학교 교장으로 계시던 관사에 들렀다가 들은 내용이다. 항갱이라 부르던 시초면 선동리가 고향이시니 들 건너 산너멀, 기산면 산정리山亭里 한마을에서 동문수학하여 남한 헌법을 기초했다는 농학자인 제헌의원 이훈구, 북한 헌법을 기초했다는 구재수. 바로 구재수라는 분을 말씀하셨던가 보다. 인터넷 검색에서 북한 초대 소련 참사관을 지냈다 나오니 거의 일치하긴 하나 경남 사람이란다. 그가 모스크바대학을 나왔는지는 찾을 수 없었다.

* 15연 6행: 아버지 박영희 증언. 고향 친구 막내삼촌이 그때 희생되었다고 하셨다. 친구 아버지 취하면 할아버지께 오셔서 가뜩이나 말씀 없으신 냥반 잡고 뭐라 뭐라 하소연하신 기억이 선연하다. 무척이나 머리가 좋았던 친구네 식구들 못내 고향을 떴다. 친구는 구로공단서 일하다 40살 무렵 신장염으로 세상을 떴다는 소식이다.

* 15연 8행: 아버지 박영희 전언. 장항선 타고 가다 서천 못미쳐 나

오는 아름다운 호수다. 인터넷을 뒤지니 돼지고개에서 100여 명을 보복 학살했다고 나오나 홍림지 수장 이야기는 찾을 수 없었다. 그 밖의 자료를 덧붙인다.

-2016년 9월 19일 자 현장언론 「민플러스」. 국민보도연맹 사건과 서천등기소 사건에 이어 세 번째 대량 학살이 국군 수복 후 벌어졌다. 시초면 주민들이 부역했다 하여 시초 지서로 끌려갔으며, 끌려갔던 주민 100여 명이 10월경 한산면 돼지고개에서 집단학살 당했다.

-권주성 선생님 전언. 한산 넘어가는 광암리 돼지고개에 예전부터 교통호가 있었다. 거기에 몰아 죽였다. 얼마 지나 장마에 쓸려 옷가지 신발 유골이 드러나니 동네 개가 물고 다녔다.

-이나미 저, 『이념과 학살』, 선인, 2013. '수복 후 서천등기소 사건 가해자의 가족 일부는 피해자 가족에게 잡혀 등기소 사건 때와 똑같이 산 채로 불태워져 죽임을 당했다.'(204쪽)

-나영연님 전언. 등기소 학살 후 관련자들을 장항 성주리 우물에 처넣었고 옥산에서는 남편을 신고한 사람을 잡아 똑같이 산 채로 불에 태워 죽였다.

호수와 고갯머리에서 이후 유골이 모셔졌는지 이냥 묻혀 있는지 어른들의 말씀은 없었다. 한동네에서 원수들끼리 사는지라 이야기 꺼내는 걸 꺼린다. 이제 거의 돌아가셨다. 한 자 한 자 고통스러우나 시 형식을 빌려서나마 기록하지 않을 수 없다. 그 작은 고을에 연관되지 않은 집이 뉘 있겠는가. 내가 들은 것은 우리 집안 일부 구전일 뿐 어디서 무슨 일이 벌어졌는지 모른다. 세월이 흘렀다 하나 아픔을 드러내 벌집 쑤시는 건 아닌지 두렵다. 어찌 해원解寃할까. 묻혀 있는 유골은 없을까. 『이념과 학살』의 저자 이나미 선생은 책의 말미에 이리 말한다.

"한 사람이 지나가다 농민들이 밥을 먹고 있는 것을 보고 '농군들이 먹기에 아까운 밥이다'란 말을 했는데 그것이 농민들 마음에 깊은 상처를 주었고 전쟁 중 그 사람은 누군가의 신고로 잡혀서 희생되었다. 신고한 사람도 학살이라고 하는 그렇게까지 큰일이 벌어질지 결코 몰랐을 것이다. 그래서 학살 전 끌려가는 중 도망가도 못 본 척 놔두었을 것이다. 가해자나 피해자나 모두 큰 고통을 겪었다. 사실 전쟁 자체가 가장 큰 가해자이다."(205쪽)

전후 70여 년이 흘렀다. 좌익에 의한 학살이니 등기소 자리에는 희생자의 이름이 새겨져 기려진다. 하지만 홍림지와 돼지고개에서 돌아가신 분들은 어떠할까. 유골이 아직 묻혀 있다면 모시는 게 도리이고 두 곳에 돌을 세워 공평히 기리는 게 우리 민주주의의 완성일 것이다.

노름꾼 박우용 遺事

아버지한테 대부님이라 부르던
아버지보다 두세 살 적은 먼 친척이 있었더라.
중학교도 제대로 못 다닌 사람이
어찌나 머리가 좋은지
군산 노름판을 쥐었다 놓았다 했더라네.
한번은 오른 손목이 없어 어찌 된 일이냐니까
노름 안 하려고 도끼로 찍었다고.
헌데 나중에 보니
왼손으로 기막히게 돌리더라네.
왜정 때 떠난 아비는
인공 때 딱 한 번 나타났다 소식이 끊기고
어미와 단둘이 살았더란다.

그쪽 집안 머리가 좋아
경성제대 경제과 나온 사람도 있었다.
낙향 후 손가락 하나 까딱 않는 서방 대신
마눌이 농사일하며 아이들을 길렀단다.
'경성제대 나오면 뭐 하냐'
마누라도 동네 사람들도 손가락질했다더라.
서낭댕이 버스 턱, 엄마께 인사하던
경기고 교복 입은 학생이 그의 아들.

'너도 커서 저 학교 들어가야 혀'

세월이 얼른 지나
광주 5·18상 받는 버마 사람 축하하러
버마 시인들이랑 김남주 묘소 들렀다가
시인 임동확이 저녁에 데려간 미술관 카페.
거기 주인이 '남부군'에 나오는 빨치산 화가
오 아무개 아들이라. 아버지께 들은 말씀 중

'지리산에 전설이 있는데 백마를 탄 대좌 지휘관이 있었다네. 그 사람 부대는 함부로 사람을 죽이지 않아 경찰이고 군인이고 잡히면 놓아주고 또 잡혀도 놓아주곤 했다네. 백마도 죽고 부대가 궤멸하여 사로잡혔는데 살아난 군인 경찰들이 눈물로 호소, 즉결 처분을 면하고 나중에 이 사람도 전향했다네. 러시아어에 능통하여 이후 정보기관에서 일했으며 충청도 사람으로 박 씨라더라'

아버지께 당장 전화하니

"그 사람 아버지 만났다는 소리 없었다.

아비가 있었으면 6·70년대에 그리 살았겠니.
노름판에서 칼 맞아 죽었다더라.
아마 장가도 못 들었지"

그는 내 항렬일 것이다.
하여 박X배일 것이고
러시아로 공부하러 갔거나
시베리아 독립군으로 활동했겠지.
충청도 방면으로 진군한 인민군 6사단
방호산 사단 소속이었겠다.
인천 상륙으로 퇴로가 막히자 그의 부대
지리산으로 들어갔을 것.
팔로군 출신으로 이루어진 그들은
지리산서 그리 고사했을 것이다.
누구일까?

"인공 때 말이다. 대좌 계급장을 단 사람이
새하얀 백마를 타고 식전머리에 똘둑길로
오더란다"

아비, 그리 한번 나타났었다고 어머니 전하셨다.

* '그는 내 항렬일 것이다~누구일까?'
'그'의 자취를 추론한 기록과 구전이다.

"한국전쟁이 발발한 후 7월 18일 아침 인민군 제6사단 13연대는 별다른 저항이 없는 가운데 서천을 점령했다. 제6사단은 중공군 제166사단 소속 동북의용군 출신 1만 명으로 편성되었으며 제13, 14, 15연대 및 포병연대로 구성되어 있다."(이나미 저, 『이념과 학살』, 선인, 2013, 79쪽)

인민군 6사단장은 팔로군에서 활동한 방호산 소장이다. 어른들 말씀으로 그들은 진군하며 민폐가 없었다 들었다. 서천을 점령한 13연대장은 한일래 대좌다(인터넷을 뒤지니 한일래 대좌는 14연대장이라고도 나온다. 한일해라고 쓰인 곳도 있다). 그때 임동확 시인과 갔던 미술관 겸 카페는 『남부군』에서 언급되는 오지호 화백의 아드님이 운영하는 곳이었다. 아드님 말씀으로는 이후 『나는 남침의 선봉이었다』란 책을 썼다 하는데 저자는 인터넷을 뒤져보니 목포 사람 20대의 한명욱 대좌라 나온다. 하지만 분명히 1970년대에 어머님이 목소리를 낮춰 하신 말씀이다. 그쪽 집안의 동료 교사였던 분께 들은 말씀일 것이다. 논산 강경 쪽으로 도강하였다는 인민군 4사단 16연대장 박승희 대좌일까도 싶지만 '희'자는 아버지 돌림자라 맞지 않다. 세도나루 쪽에서 말을 타고 오면 한두 시간이면 올 수 있는 거리이긴 하다. 모르겠다.

인터넷 검색에서 찾은 다르지만 같은 기록이다. 인민군 제6사단. 사단장 소장 방호산, 제1연대 대좌 김후진(14연대는 없고 1연대라 검색되었다.), 제13연대 대좌 한일동(동이라 쓰여 있었다.), 제15연대 대좌 김현기, 포병연대 중좌 박해민, 제603 모터찌크 연대 연대장 미상.

-'한일래'란 이름의 다른 기록이 검색되어 덧붙인다(한일래. 1896년

생, 충남 부여 출신. 조선의열단에서 활동. 본명 천병일). 조선혁명간부학교에서 정치조의 교관으로 군사간부를 양성. 민족혁명당 간부로 활동. 창당 시 중앙검사위원. 이후 화남 지부 책임을 맡았다. 1937년 조선의용대 창설 후 지도위원이었으며 조선민족전선연맹 기관지 「조선민족전선」 발행인. 조선의용대 기관지 「조선의용대통신」 중국어판 주편위원. 충칭에서 폐병으로 사망. 1994년 건국훈장 독립장 추서.

-한 경(1917~?. 본명 천경이. 조선의용군 대원. 한일래의 장남.) 1933년 할아버지와 함께 중국 망명. 조선혁명간부학교 입학. 2기 졸업. 낙양군관학교 입학. 졸업. 남경 중앙육군군관학교 11기 입학. 항일군정대학 수학. 1941년 말 조선의용대 화북지대 제3대 제1분대장으로 순덕 일대에서 무장 항일선전활동 전개. 팔로군 제129사단 지역에서 부분대장으로 반소탕전 참전. 팔로군 제129사단 제1여단에서 6개월 학습. 태항산 근거지 활동. 1945년 상반기 태항산 조선혁명군정학교에서 조선의용군 제2중대 중대장. 해방 후 동북에서 조선의용군 제1지대 참모장으로 남만지역 반석, 해룡, 휘남 지구의 조선독립동맹 사업 지도. 38선 이북으로 귀국.

동명이인이 분명하지만 한일래란 이름이 특이하여 굳이 남긴다. 구전과 기록이 비슷하며 다르다. 도대체 기준을 어디에 둬야 할까. 기록마다 들쑥날쑥하고 가만 보니 학자들도 용빼는 재주가 없어 보인다. 하여 숨죽여 전하신 어른들 말씀을 기준점 삼았다.

판교

아버지 어머니 신혼 때
오래된 고래 등 같은 기와집 아랫방에
세 살았단다.
아버지와 벗밑˚에서 낚시할라치면
어머니 퇴근 후
철둑길 넘어서 오시곤 했다.
저수지 가에 초가가 한 채 있었는데
중늙은이와 예쁜 누나가 살았다.

'그런데 말이다. 그 기와집에서는 열두 시가 넘으면
안채에서 조랭이질 소리가 났다'

누군가 숨죽여 살아야만 하던 이가 있었던가 보다.
누군가가 누구도 모르게 살아 있었던가 보다.
누구도 모르게 새 밥을 지어 먹일 누군가가
그때까지도 토굴에 살아서.

오래된 읍에 가면 어디쯤 있던 집일까.
과연 누구였을까.
어머니 놀란 눈처럼 도깨비 조리질이었을까?

* 벗밑: 3개 면에 걸쳐진 호수를 종천면 쪽에서는 벗밑(보밑)이라 불렀다. 공식 명칭은 홍림지다.

그 시절

연 만들어 준 아버지 친구 반벙어리 부부.
건너말 앉은뱅이.
영정말 한쪽 눈이 허연 할매.
임신했을 때 뱀을 봐서 그렇다는
아랫집 다운증후군 형.
손목에 깔꾸리를 단 거지 떼들이 동네를 휘젓고
장에 가면 절름발이는 보통이고
팔 하나 없거나 다리 하나 없거나
얼굴에 허연 화상 자국.
머리에 총탄이 박혔다는 늘 취한 얼굴
뒷너머 아저씨.
조무래기들이 벌벌벌 흉내 내면
벌벌이 손짓하며 성질내고 어른들은 혼냈다.
오밤중에 빤쓰만 입고 눈보라 치는 뒷산
뛰어댕기다가 동네 사람 기겁하게 만드는
아버지 미친놈은 어떻고.
정신이 반쯤 남은 종조할아버지.
밤이면 기어다니던 몽유병 할아버지.
장에 갔다가 아직 돌아오지 않은 영기 할아버지.
늘 벌건 얼굴로 게걸거리던 동네 아저씨들.
도대체 근동에 온전한 사람이 드물던 시절.

〈
어느 날 경운기가 논을 갈더니
갈걷이 한 논에
우렁이 미꾸라지가 사라지기 시작했다.

남장 여인 김옥선*

70년대 중반, 우리 집에 놀러 오신
어머니 이종사촌 비인양반 아저씨.

"여걸이여. 누가 입이나 뻥긋 허것는가.
국회서 그런 연설을 하다니"

지역구 의원 김옥선이 인혁당이 죽어 나가던 무렵
박정희를 아프리카 식인 독재자 이디아민에 비유하며
혹독하게 비판했다.
이후 정보부에 끌려가
몹쓸 고문을 당했다는 소문이 돌았다.

아버지는 씁쓸했을 것이다.
고령 박씨 박정희 팬인데다 김옥선과는 안 좋은 기억.
한 패거리가 찦차 타고 와
싫은 걸 억지로 선거위원장을 맡으신 할아버지.

"떨어지면 부정 선거라네"
"니 할아버지 날밤 새고 눈 퉁퉁 부어 들어오신 게
한두 번 아니다"
〈

초등 1학년 때
우리 학교에 선거 유세 와서 합동연설 하는데
조무래기들,

"여자랴"
"고무 자지 달았대"
"봤어?"
"변소서 서서 오줌 싸는 거 봤어"

나도 본 것도 같고 아닌 것도 같고
하여간 그때는 신기한 게 한둘이 아니었다.

* 김옥선(1934년생): 충남 서천군 지역구 의원. 7대, 9대, 12대 국회의원 역임.

1970년 무렵 금강하구

군산 고모네 집에 갔다 오는데
도선장 근처 군항께 오니까
경찰들이 정신없이 전투복으로 갈아입어 가면서
뛰는 거였다.
이미 총알같이 물을 가르는 경비정이 있었고
본선은 달려오는 경찰들을 채근했다.
뭔 일 있나?
집에 도착할 무렵 콩 볶는 소리가 났다.
어두워지지도 않았는데 제련소 굴뚝 옆으로
연신 조명탄이 터지더니 한밤중까지 연속으로 터지고
총소리 시끄러웠다.

다음날, 사람들 말이
오식도에 간첩선이 나타났다데.
겉보기는 어선인데 어찌나 빠른지 거의 날아간다고.
세상에, 쾌속정보다 더 빠르다구?
북한 기술이 그리 좋다네.
못 잡았대?
한 척은 격침시키고 한 척은 못 잡았다데.
그럼 밤새 총질은 뭐여.
상륙한 간첩하구 교전했다드만.

〈
이듬해 『소년중앙』에 그때 이야기 만화로 나왔다.
낯선 사람이 큰아버지라고
오식도 어느 집에 나타났는데
그 집 초등 딸이 수상해서 신고했더란 내용.

쭈뼛거리며 고향집에 찾아온 큰아빠.
어린 조카, 제수씨, 할머니,
아빠는 고기 잡으러 바다에 나갔고.

그 집 어찌 됐을까.

부르조아라는 귀신

엄마 학교 담장 옆으로 이사 간 어느 날
집 앞 펌프에서 씻고 있는데
장애가 심해 걷기도 힘들어 하는 사람이
누구네 집을 아냐고 물었다.
말도 급하고 못 알아듣겠어서
모르겠다 하니
동넨데 왜 모르냐고 한다.
어머니가 나왔다.
옥신각신하다 뜬금없이

"부르조아 년"

말이 튀어나오자마자
어머니 얼굴이 허옇게 질렸다.
그리 무서운 얼굴은 이후 보지 못했다.
그 말이 왜 어머니를 벌벌 떨게 했는지
어른이 될 때까지 늘 궁금했다.
도깨비일까. 귀신일까.
그게 뭔데 부들부들 떠셨을까.

거기에 대해 일언반구 없으셨으나

어머니 숨을 거두기 전

"네 꿈을 이뤄라"

한마디 하시고 돌아가셨다.

종전終戰

대전요양병원,
2017년 6월 8일 22시 40분.

"고생하셨어요. 고맙습니다"

눈물 한 방울 안 흘리고
6·25 전쟁이 끝났다.

아버지와 나와 우리 형제들에게는.

백마고지

박재기는 내 재종 할아버지.
철원 전투에서 돌아가신 할아버지.
아버지보다 세 살 많으신 할아버지.
수복 후 전투가 한창일 때 영장이 나와

"지금 가면 죽는데 어쩐다니"

아버지랑 울었다는 할아버지.
아버지는 면장네 집에 붙어살아
겨우 도장 받아서 공군으로 가셨다 하고
젖먹이 아들과 만삭의 아내를 두고
육군으로 입대하신 할아버지.

고지의 주인이 몇 번 넘나든 어느 날
수색대 트럭에서 부려지는 전사자
할아버지를 발견하고 엉엉 울었다는 마을 친구.
몸에 총탄이 몇 발 박혀 있다는
늘 벌겋게 취한 얼굴 동네 아저씨가 그분.
어느 현충일, 현충원 큰 비석에서
동생의 이름자를 보고 눈이 퉁퉁 부어 오셨다는
큰 형 동아실 할아버지.

따순밥 묻어 놓고 바람 불면 내다보고
사립문 소리에 내다보고 애달복달 돌아가셨다는
입 삐뚤이 재중조 할머니.
유복자 쌍둥이를 낳아
삼 형제 홀로 길러낸 재종 할머니.
강원도 철원의 백마고지를 충청도 서천에서
포염과 총성으로 10년을 20년을 30년을 60년을
살아냈네.

박재기는 내 재종 할아버지.
나 백마고지 앞에 섰네.
저곳 어디에 말로만 듣던 재종 할아버지 묻혀 있네.
뭉개진 산봉우리 뭉개진 세월이
내 앞에서 울울창창하네.
진시황릉 보다 거대한 우리 마음속 무덤.
재중조 할머니 돌아가시자마자
충청도서 강원도 철원으로 한달음에 달려와
백마고지 어름을 아들 찾아 떠다니겠네.
함경도에서 평안도에서 황해도에서 경기도에서
경상도에서 전라도에서 제주도에서
달려온 할매 혼령들 우글우글하겠네.

서천 가는 길

길산천을 따라 걷고 또 걷는다.

할머니는 나씨 가문으로 시집간 큰딸을 보러
떡 보따리를 이고 막내 고모를 업고
천방산을 바라보며
이 길을 하염없이 걸었을 것이다.
갈밭 길을 걸으며 마흔세 살 할머니는
무슨 생각을 하셨을까.

선린학교 태극기 사건에 연루되어
초주검이 된 큰 고모부 옥바라지하러
할머니는 애달복달 장항선 열차 타고
고모네 신혼집을 오르내렸다 한다.
젖먹이 안고 울고 있는 큰딸
오로지 청상과부 될까 하여.

이 강을 타고 소정방˙이 뻘에 길을 내며
상륙했다 한다.
왜구 떼가 들이닥쳐 온 들판에
송장이 즐비했다 한다.
갑오난리 때 동학군 관군들의 송장이

끝도 없이 펼쳐졌다 했다.

나는 지금 이 길을 걷는다.
갈숲과 억새와 기러기 떼 아우성치는
겨울 들판을 걷는다.
목을 간지럽히는 바람결은 예나 지금이나
변함이 없다.

언젠가 내 자식이 이 길을 걸을 것이다.

* 소정방(592~667): 660년 13만 수군으로 황해를 건너와 백제를 침공, 멸망시킨 당 고종의 대장군.

울타리 꽃

고향집 텃밭 울타리는 무궁화꽃이었다.
꽃을 좋아하신 할매는 꺾으면 잘 올라오는
무궁화를 연신 꽂으셨다.

할매가 동백 다음으로 좋아한 무궁화는
꽃이 크고 화려한데다 봄여름가을 줄창 피어 대니
꽃 좋아하는 할매가 마다할 수 없는 일.
왜놈 순사가 지랄하든 말든 꽃 좋은데
꽃이면 꽃이지 할매는 연신 꽂으셨단다.
그래서 우리 집 울타리는 무궁화가
무궁무궁 피었다.
할매는 그저 꽃이 좋을 뿐.

어느 날 알았다.
1900년생 할매 마음속 우리나라는
나뉜 적이 없었다.

'정일이 그놈 성질이 불같아서 가랑잎에도
불붙는다데'

가만 보니 말씀에 미움이 하나 없었다.

당신 큰손자 보듯, 성질 급한 철없는 놈 보듯.

태어나 보니 나라가 갈린 나와
할머니의 나라는 전혀 다른 나라.
할머니의 우리나라는 압록 두만서 제주까지.
내 마음속 우리나라는 임진강 아래 우리나라.

무궁화는 꽃이고
할머니가 동백꽃 다음으로 좋아하신 꽃이고
꽃 좋으면 그뿐인 꽃이고

무궁화는 울할매 울타리 꽃.
느레기 만들기 좋은 대궁나무 꽃.

개밥바라기

산을 오르네.
민들레가 환히 불 밝힌 길.

저 풀섶 어디에 누운 당신

산을 오르네.
억새 깃이 살을 베는 바람길.

4부

건지산 범바위

신령

별빛도 없는 밤 산길을 걷는데

'아저씨 술 한잔 합시다'

소나무 떡갈나무 막 걸어 다니면
정신 바짝 차려야 한다고
할매 말씀하셨다.

나의 임종

고향 샛강 가에
오두막 한 채 지을 거다.
지붕은 갈대로 해 이를 거다.
그리고 거기 강가 갈대숲에서
낚시를 할 거다.

해 쨍쨍한 유월 어느 날,
갈바탕에 낚시 드리운 채
꾸벅꾸벅 졸다 숨을 놓을 거다.
메기가 낚싯대를 휘청이며
이리 가고 저리 가고 할 때.

향년 얼마냐고?
95세에.
어때, 그럴듯하지 않은가.

돌배 웃다

할아버지 묻고 돌아오는 산길
들꽃 향도 맡고 풀잎도 씹어 보고
방아깨비 잡아 털래거리니까 셋째 고모,

"덩치는 어른인데 허는 짓은 애덜여"

돌배가 어찌나 달던지.

뒷동산 참나무 구멍 꿀 익는 내음

뒷산 참나무가 성큼성큼 걸어와

'술 한잔 합시다'

할 날이 있을 거다.
그렇게 참나무랑 막걸리 한잔하고 싶다.

건지산 범바위

집채만 한 놈이 바위너설에 웅크리고
눈을 꿈벅꿈벅이며 동네 대소사 다 챙기고 있더란다.

이상구네 딸내미가 눈이 밤탱이 되어 울며 들어오니

"저 써글년이 지 좋아서 밤 도망질 치드만
사람 속 다 삭히네에"

이불매댁 마당을 떼굴떼굴 구르더라나.

구수꿀댁, 서방한테 얻어맞고는
목 달아매 버린다고 사내끼 들고 뒷산에 올라가더니
사내끼는 어디다 내버리고 버섯만 한아름
따 오더라네.

김창재네 아들놈,
권갑식이네 둘째 딸한테 환장해서 드르누웠드만.
두 놈이 젚어 구재범이 마눌 좋아해서
하루가 멀다 하고 쌈박질했더라네.
아마 젊은 것들은 곧 도망질할 거라고.
〈

그걸 아배는 어찌 알았디야?
술 먹고 재빼기 넘어오다 도깨비한테 들었지.
범이 어느 놈 잡아먹으까 골르는 건 아니구?
너른 갈바탕에 돼지 노루가 널렸넌디
냄새나는 사람을 왜 먹노?

범이 강가서 살았던 시절이 있었단다.

* 건지산: 한산 면 소재지 뒷산.

상괭이*란 놈이

샛강머리 논배미 물꼬 보러 갔더니
갈바탕서 웬 놈이

"박서방 박서방, 괘춤 풀어졌네. 바지 내려가네"

깔깔거리잖여.

"이놈아 어른 놀리면 벌 받는다"
"그러지 말고 막걸리 한잔 받어 줘"

어찌나 종알대는지.
종내 한 됫박 받어 줬네.
놈이랑 취해서 해지는 줄도 모르고.

* 상괭이: 우리나라 연안에 가장 많이 산다는 토종 돌고래. 그 모습이 사람이 웃는 것과 같아 '웃는 돌고래' '미소천사' '물돼지'라는 별칭을 갖고 있다.

낮도깨비

지게 작대기보다 한 자나 큰놈이
굵기가 다리통만 한 놈이
눈을 희번뜩이며
꼬랑지로 발딱 서서 노려보는디.
갈바탕 범도 놀래 도망질 헌다는
바로 그놈을
올병이 예뻐 따라갔다가
새벽머리 양물 솟듯 발딱 선 그놈을
세상에나 맞닥뜨렸는디.
갈바탕 한가운데서
사방 어딘지 알 길 없고
해는 지는디.
갈꽃은 싸라락 싸라락
혼이 나갔다 들왔다.

박서방 상괭이 타고 가더라고

안 간다구 안 간다구 그러는 걸
가자구 가자구 그래서
할 수 없이 놈 타구 큰 강으루 나가지 않았나.
어매, 놈 식구들이 몰려들어 배를 맹그러 주드만.
가고 가니 먼 바다,
뭍이라곤 보이잖는 망망 물천지여.
겁나는 거라.

"어데로 가냐"
"좋은데"
"이놈아 사방이 물인디 좋은 디가 어딨어"
"지둘러 봐"

땅이서 발을 뗀 적이 없는 내가
이 먼디까장 왔으니 어쩌나.
그러고 몇 날 며칠 가는데
저어 끄트머리서 점 같은 게 어룽대더니
자꾸 커져 섬이 나오데.

"저기는 어디냐"
"바다여자들이 사는데"

"그런 게 어딨어"
"있어"

가만 보니 물에서 노는 게 사람이라.
어허, 긴 머리 젖퉁이 출렁이는 게 여자여.
하나같이 어찌나 이쁜지.
거기서 6년 살았네.
씨감자 노릇했어.

"거기서 뭣했다구?"

호마胡馬 같은 한저울댁
대추방맹이로 서방, 흠씻 두들겨 패고는
싸매고 누웠더라.
감으나 뜨나 서방 놈, 바닷 것하고 노는 품이
뱅뱅 돌고 돌고.

* '안 간다구~가자구 그래서': 「춘향가」 중 방자의 언설 차용.

할매 가라사대

'도깨비 만나면 씨름하자구 헐 거다.
그러면 꼭 왼 다리로 넘겨야 헌다.
오른 다리로 넘기면 져.
술 깨서 보면 피 묻은 빗자루가 널부러져 있단다.
이기면 도깨비 부리는 거고
지면 도깨비가 시키는 대로 졸졸 따라다녀야 혀'

둘째 낳고 벌하러 가서
성남 연병장에 벌통 풀어놓고 자는데
웬 놈이 '나 도깨비'하며 나타난 거라.
인상착의가 넓적한 얼굴에 긴 눈, 긴 입, 납작코.
떡 벌어진 어깨에 중 키, 뿔 같은 건 없고
이상하게도 반팔 난닝구를 입었더라고.
아마 xxx라지는 될 거라.
할매 말씀대로 왼 다리로 걸어서 으랏차차 넘겼지.
우지끈, 벌 텐트 침대서 굴러떨어졌네.
벌쟁이 김 형, 기겁해서 일어나서는

"뭔 일여. 뭔 일여"
"도깨비랑 씨름해서 이겼어"

"내 벌쟁이 20년에 별사람 다 봤네"

도깨비랑 씨름해서 이긴 놈 있걸랑 나와 봐.

멀고 아득한 이야기

강가 갈바탕에
시커먼 물건이 불시착하였던 거다.
호기심 많은 조상 할아버지
살금살금 기어가 둘러봤겠지.
어어라. 거기 한 생명이
숨을 깔딱이고 있었던 거겠다.
할배 들쳐 업고 뛰었다.
외딴 상엿집에 모셔서
애지중지 공들여 살려놓고 보니
어허 보통 이쁜 게 아닌 거라.
살곰살곰 처자도 말을 배워
살가운 청년과 눈짓 소통을 한 거라.
엄모나 덜컥 아이가 생겼네.
청년 할 수 없이 외계각시 목욕시켜
어매한테 보였더니

"니 저녁 먹구 팽 없어진 게 이 년 때문이구나"

싫은 눈치가 아니더라. 아배 별 말씀 없으시고.
그날로 아랫방에 들였더라.
알콩달콩 십 년을 살았단다.

그새 아이가 셋.
눈 큰 녀석. 귀 큰 녀석. 코 큰 녀석.
하나같이 일 잘하고 총명했더라.
저녁이면 어매는 먼 별
외가 얘기에 날 새는 줄 몰랐던 거다.
거기는 여기와 달라서 달이 셋에 해가 둘.
사람들이 정이 깊어
니 아부지 같은 사람만 살더랬다고.

언제부턴가 먼산바래기 며눌이
나 고만 가고 싶어.
밤이면 함께 바라보던 북두칠성 저곳.
내 고향으로 갈라네.
어느 날 자정쯤 들창 밖이 훤해지더니
하늘서 커다란 물건이 내려와 앉더라.
외계 며눌이 바람처럼 달려 나가
고향별 사람들을 맞았더라.
대문가에 서서
외가별에서 온 사람들을 바라보는데
아배 눈물이 삼 형제 머리 위로
뚝 뚝 떨어지더라.

고향이 들려주신 이야기 선물*

갯가에 2미터쯤 되는 돌고래 한 마리가
나가지 못하고 펄쩍거렸답니다.
그래 신고하고 기자도 오고 했지요.
해양 수족관이랑 여기저기 연락했으나 어쩌지 못해
경운기 끌고 와서 며칠 물 뿌려 주었는데
물이 들어오니까 뭐라 뭐라 뿌우 뿌우 거리더랍니다.
그런데 바다에서도 한 떼거리가 몰려와
소리소리 지르더라네요.
나가면서 소리 지르고 녀석 식구들도 소리 지르고
마을 사람들은 손을 흔들어 주었지요.

사나흘 지나 살*에 나가 보니
기절하게 물고기가 들었더랍니다.
5톤 차가 왔었다구요.
그래서 동네서는
돌고래가 보은했다고들 한답니다.

* 고향이 들려주신 이야기 선물: 2010년 무렵, 마서면 죽산리 갯가에 서 있었던 일.
* 살: 돌로 만들면 독살. 대로 만들면 대살. 갯벌에 담을 쳐놓아 썰물 때 못 빠져나간 물고기를 잡는 오래된 어법.

보령 남포가 친정인 외할매가 들려주신 이야기

촌장네 집이 언덕배기에 있었더란다.
하루는
갑자기 바닷물이 쭈욱 빠지더라네.
마침 갈걷이 철이라
낟가리가 집채만 하게 쌓였었단다.
촌장 즉시 불을 질렀지.
촌장네 집에 불이 나니 동네 사람들
양동이에 바가지에 물을 퍼 담아
애고 어른이고 난리 치며 몰려왔것다.
곧 파도가 마을을 덮쳤다.*

딱 한 사람,
100일 조금 지난 아기를 잃었단다.

* 『조선왕조실록』을 보면 해일이 유독 서해에서 많이 발생했음을 알 수 있다. 그중 충청도 지역의 해일 기록으로 "인조 26년(1648년) 8월 4일 충청도 아산, 신창, 덕산, 천안, 평택 등의 고을에 해일이 있어 바닷가의 제언이 무너져 모두 침몰되었다."라는 기록이 남아 있다.

조로 간다

풍뎅이 다리 잘라 뒤집어 놓고
풍뎅아 풍뎅아 빙글빙글 돌아라
그러면 할매
'조로 간다'

파리 날개 잘라 걸어 다니면
할매 영락없이
'조로 간다'

개구리 잡아 끈 묶어
돌멩이 매달아 놓으면
'조로 간다 조로 간다'

물뿌리개 조로를 떠올리고.
조가 어디지? 무서운 덴가?

친구네 집 마당에서 고기 구워 먹을 때
상추에 민달팽이 땅바닥에 문대자
아랫방 셋집 아저씨 '죄로 간다'
'고향이 어디신지?' '서천 판교입니다'
아하 그게 죄였구나.

죄로 가는 거였구나.
죄짓는 거였구나.

나 지은 죄 하늘처럼 많아
하늘에서 팔다리 잘리겠네.
날개 잘리겠네.
다리에 돌멩이 묶이겠네.
가만 생각해 보면
내가 먹은 돼지는 서른 마리쯤 되겠고
내가 먹은 소는 세 마리쯤 될 거고
내가 먹은 닭은 천 마리쯤 될 거고
내가 먹은 쌀은 마흔 가마니는 족히 넘을 거다.
지금껏 마신 술은 촌 동네 조그만
저수지 하나는 마셨을 것이고
내가 말로나 행동으로 아프게 한 사람은
수유역서 우이천까지 두 줄로 서도 모자랄 거다.
내 좋은 눈치가 선연한데 무덤덤하게 대한 여자들
얼마나 마음 아팠을까.
내 냉정함에 쓸쓸하게 죽어간 개와 고양이가 몇이며
 잡아먹은 개 돼지 닭이며 오리며 염소며 토끼며 뱀이
며 붕어 잉어 미꾸리 메기 짜가사리 장어 숭어 피래미

치리 참게 조개 우렁이 구워 먹은 메뚜기 방아깨비
다 고맙고 미안하다.

나 죽으면 내 살 저들 자손이 먹고
내 뼈 고아서 저들 몸보신하면 좋겠지만
돈 들이고 기름 들여 화장터서 태우리.
끝내 죄로 가고 말리.

죄로 간다. 죄로 간다. 죄로 간다.

할매 말씀하시네.

추리대마왕

읽은 책이 쌓이고 쌓이다
무너져 깔려 죽었으면 좋겠다.
그러려면 한 300살쯤 살아야 할 게다.
200살은 책을 읽고
100살은 구름이 어디서 와서 어디로 가는지
곰곰 생각할 거다.
손자의 손자의 손자들이 연애질에 지쳐 찾아오거나
세상사 시달려 찾아오면
바람이 불어오는 곳에 대하여 얘기해 주리라.
물론 친구들은 까마득한 예전에 별빛이 되어버리고
자식은커녕 손자도 가버리고
징그럽게 오래 산 증손자 초상에 문상 갈 거다.
지팽이도 안 짚고 뒷짐 지고 뚜벅뚜벅 걸어서
증손자 영정에 까딱 목례만 할 거다.
증손자니까.

고향 샛강가,
갈대로 지붕 해 이른 오래된 초막.
책더미서 꾸역꾸역 기어 나와
낚시를 드리울 거다.
299살이 되는 해, 말짱한 6월 어느 날

갈바탕 한가운데서 꾸벅꾸벅 졸다 숨을 놓으면
메기는 낚시를 끌고 이리저리 춤을 추겠고
잉어는 푸드덕이며 연애질에 정신없겠지.
바람이 '너무 오래 살았어' 두런거리면
종다리 머리 위에 바짝 떠서

지집죽구 새끼죽구 메롱.
지집죽구 새끼죽구 메롱.

갈바탕이 끝없이 펼쳐졌던 시절이 있었단다

늙은 어매아배 두고 어디를 간단 말이오.
당신 없이 못 살아요.
가거라. 식구가 어찌 떨어져 사누.

코큰이는 홍역을 앓고 있었더라.
뒤안 살구를 한 번 두 번 세 번…
일곱 번 따먹으면 데리러 올깨.
코큰이 엄마 품에서 한없이 눈물만 흘렸더라.
커다란 물건은 엄마 아빠 형들을 태우고
훌쩍 날아올라 별들 사이로 사라졌더라.
코큰이 목 놓아 울었더라.
밤이면 뒷동산에 올라
북두칠성을 하염없이 바라보았더라.

옴매 옴매 울 옴매
별똥으로 오시려오. 달똥으로 오시려오.

뒤안 살구가 여덟 번째 열린 해
열다섯 살 코큰이는
뒷너머 동갑네 영실이와 혼인하였단다.

∞해 설

충청도(인)의 줏대와 호흡, 말투의 능청스런 웃음의 맛

전상기(문학평론가)

1. 이야기, 낭만, 기억

전해지는 이야기의 흐름으로 이루어진 인간 공동체와 사람살이의 희로애락은 면면한 생명력으로 이어질 것인가. 거기에 더하여 낭만과 삶의 상관관계를 따지는 일은 문학의 존재 이유와 가치에 대해서 생각하는 일과 크게 다르지 않다. 요컨대, 문학의 자발적 고립화(?)(/오타쿠화[오타쿠オタク化 / おたく化 / ヲタク化 Otaku/Geek 오타쿠/오덕후]) 내지는 게토화ghettoft가 기정사실화되고 다른 한편으로는 문학의 대중화 쇼가 펼쳐지는 가운데 문학의 자리와 위의威儀를 새삼 점검하려는 차원에서도 이 문제는 진지하게 궁구할 필요가 있다. '지금-여기'의 현실에서 '과거/미래-저기'에 대한 그리움과 애타는 갈증은 삶의 동력을 끄

집어내는, 어쩌면 인간의 특권이자 스스로의 종말을 예감하는 안타까운 자기 선물일 것이다.

낭만이란 무엇인가? 사전적 정의대로 "현실에 매이지 않고 감상적이고 이상적으로 사물을 대하는 태도나 심리, 또는 그런 분위기"(『표준국어대사전』)라고 하여 현실감각이 없이 허황된 꿈을 꾸거나 감상에 젖는 경향을 지칭, 비난할 때 사용하기도 한다. 낭만은 불철저하고, 냉철한 판단·정확하고 논리적인 파악·치밀한 준비와 시의적절한 대응과는 거리가 먼 이상적이고 감상적이고 다분히 감각적 인상에 즉각적으로 반응하는 심리 혹은 태도라는 것이다.

이렇듯 치기 어린 생각과 행동에 붙이는 비아냥에 낭만이 동원되어 낭만적 통일론이랄지, 낭만적인 학창 시절, 혹은 꿈과 낭만이 가득한 어린 시절 등등 대개 비웃음으로 쓰인다. 하지만 낭만은 삶에 지치고 위로가 필요할 때 자연스레 소환되는 정서·분위기이기도 하다. 문학이 새삼 넝쿨 엉키듯, 감자알이 잇따라 매달려 나오듯, 낭만과 제격으로 어우러짐은 문학의 약점이자 장점일 것이다. 왜 문학은 낭만과 에너지·방법론·이념을 상호교관하며 시너지 효과를 도모하는가. 그것은 상상력의 바탕이며 자발적이고 주도적인 상상력의 활성화와 촉매작용으로 생명이 가진 본성이자 존재 이유이기 때문이다.

박광배의 『서천 가는 길』을 고쳐 읽으며 나는 그의 엉뚱하고 대책 없이 뻗어나가는 지적 욕구와 상상력, 능청과 익살을 배면에 깔고 있는 비극적 풍문과 근과거의 살 떨리는 원한·분단·적대 등을 고스란히 겪고 앓았다. 그는 때로 "초롱한 눈망울 굴리며/두리번거리는 어린놈"(「장님 악사—장항 군산 간 뱃전에 서서」)으로, "있잖여!" 소리 지르는 '일곱 살'(「있잖여」) 꼬마로, 때로는 목은 이색의 초상화를 보는 '중학생'(「문헌서원」)으로, "나 백마고지 앞에 섰네"(「백마고지」)의 장년으로, "먹고살겠다고/근사하게 한번 살아보겠다고/하이햐 서울로들 몰켜와"(「서울, 돌아갈 수 없는」) "모래바람 부는 거리를 헤매일 때"(「할머니의 방」)의 도시 변두리 생활인으로, 이제는 장년의 나이에 "엄마랑 장거리에서 나눠 먹던 맛을/잊지 못"해서 "오늘도 짜장면 먹으러 간다"(「우울해지면 먹는 약」)는 「내 그리운 고향」을 그리워하며 안타까워하는 화자로 시집 곳곳에 출몰한다.

게다가 시인의 시적 화자는 미래의 시점을 선점하여 「나의 임종」을 "해 쨍쨍한 유월 어느 날,/갈바탕에 낚시 드리운 채/꾸벅꾸벅 졸다 숨을 놓을 거다." "95세에." 죽기를 선망하는가 하면, 「추리대마왕」에서는 "읽은 책이 쌓이고 쌓이다/무너져 깔려 죽었으면 좋겠다./그러려면 한 300살쯤 살아야 할 게다."라고 실토한다. 그도 그럴 것이 "바람이 다니는 길이 있었다."(「오솔길」)고 무람없이 읊는 그의 성정으로 보건대, '풀씨' '나무' '들풀' '벌' '나비' '산새' '다람쥐' '노루' '돼지' '약초꾼'이 동격으로 차별이나 경계 없이 자연의 순환 원리에 따라 어우러지고 각각의 제 삶을 산다고 했을 때, "저들과 하염없이 걷는" 화자는 본향에 대한 한없는 그리움을 앓되 그 '오솔길'을 알면서 걷고 있다는 점에서 어떤 가능성을 예상할 수 있다. 그의 배포와 이야기 솜씨로 말하자면,

> 뒷산 참나무가 성큼성큼 걸어와
>
> '술 한잔 합시다'
>
> 할 날이 있을 거다.
>
> 그렇게 참나무랑 막걸리 한잔하고 싶다.
> - 「뒷동산 참나무 구멍 꿀 익는 내음」 전문

이 정도인데, '상괭이'(「상괭이란 놈이」, 「박서방 상괭이 타고 가더라고」, 「고향이 들려주신 이야기 선물」)는 말할 것도 없고, '도깨비'(「낮도깨비」, 「할매 가라사대」), '귀신'(「귀신이 흐느끼는 땅」, 「부르조아라는 귀신」, 「백마고지」), '외계인(선녀)'(「멀고 아득한 이야기」, 「갈바탕이 끝없이 펼

쳐졌던 시절이 있었단다」)뿐만 아니라 '바위'(「건지산 범바위」)에 이르면, 아, 광대무변하구나 싶다.

길산천을 따라 걷고 또 걷는다.

할머니는 나씨 가문으로 시집간 큰딸을 보러
떡 보따리를 이고 막내 고모를 업고 천방산을 바라보며
이 길을 하염없이 걸었을 것이다.
갈밭 길을 걸으며 마흔세 살 할머니는
무슨 생각을 하셨을까.

선린학교 태극기 사건에 연루되어
초주검이 된 큰 고모부 옥바라지하러
할머니는 애달복달 장항선 열차 타고
고모네 신혼집을 오르내렸다 한다.
젖먹이 안고 울고 있는 큰딸
오로지 청상과부 될까 하여.

이 강을 타고 소정방이 뻘에 길을 내며
상륙했다 한다.
왜구 떼가 들이닥쳐 온 들판에
송장이 즐비했다 한다.

갑오난리 때 동학군 관군들의 송장이
끝도 없이 펼쳐졌다 했다.

나는 지금 이 길을 걷는다.
갈숲과 억새와 기러기 떼 아우성치는
겨울 들판을 걷는다.
목을 간지럽히는 바람결은 예나 지금이나
변함이 없다.

언젠가 내 자식이 이 길을 걸을 것이다.
― 「서천 가는 길」 전문

그럼에도 불구하고 돌아가는 곳은 이곳 할머니가 살다 가신 고향에 모아져 인간사의 희로애락과 간난신고에 허덕이는 "불빛 꺼진 지 오랜 고향집.//허물어져/들고양이 불 켜고 섰겠네.//할매 혼령 떠다니겠네." 「내 그리운 고향」인 것이다. 시간과 공간, 차원과 관념, 생물과 무생물, 조상과 후손, 단자인 나와 다자인 나를 넘나들고 귀신과 외계인, 참나무와 범바위, 바람과 인공위성(「밤하늘에 흐르는 흰 점」), 「영화배우 김진규」가 '성웅 이순신'과 '동성왕을 기습한 자객과 칼', '무령왕의 백가 처형'을 소환하듯 마산면 관포리 '마포촌'이 회자되고 화제의 중심인 구전설화를 건너는 징섬디리 별빛들이 역사의 곳곳에서 반짝이는 숙명과 아이러니를 느낄 수 있었던 이유는 바로 그것.

"선돌아 선돌아 옛날 얘기 하나만 해주라"

쥐똥만 한 게
저녁이면 쪼르르 신혼 방에 들앉은 통에
할매 애먹었다네.
'옛 얘기 좋아하면 가난하게 산다는데'
고향집에 가면 할매 빙그시 웃으며.

— 「선돌이」 부분

'가난'하지만 대신 인간의 운명과 역사의 간계와 천지·우주의 이치와 귀신·외계인(선녀)의 비밀을 바람과 바위, 참나무, 갈대, 억새, 기러기 떼들에게서 얻어듣고 귀동냥한 천상 무당 기질의 소리꾼으로 고향의 말을 전하지 않는가 말이다. 그 땅의 이야기를, 산과 강 바다가 바람에 전하는 말을, 물과 모래 바위 풀 나무 구름 하늘 별, 그리고 사람들 살다 간 내력을, 흐르고 또 흘러 상전벽해桑田碧海의 전변轉變을.

너른들 논두렁 기어다녔다.

샛강 용, 꿈틀거렸다.

수만 년 두런대던 땅

경지 정리 시작되고 공장이 되었다.
방죽이 되었다.

- 「하굿둑」 전문

2. 잃은 고향, 되찾은 상잔相殘의 비극

시인의 소리 내력이 바람의 말과 귀신·사물의 소리를 알아듣고 서로 주고받는 경지에서 멈췄다면, "천오백 년 구전에 기겁을 하"(「영화배우 김진규」)거나 꿈속 할아버지의 경고를 알아채고(「길산」) "할매 혼령 떠다니겠네."(「내 그리운 고향」) 아파하는가 하면, 재뜸 재종할매 베 짜는 신명에 춤추고(「재뜸 재종할매네 초막」) 노승학이 애비 노철호 영감처럼 초상 치르다 깨어나 "눈만 꿈벅꿈벅" "툇마루에 앉어 먼 구름만 보매 뭔 생각을 허는지"(「승학아 승학아」) 싶은 기행奇行과 신통력만을 전하는 수준이었을 것이다. 그 자체도 귀하고 남다른 경지의 전언이겠으나 노씨 집성촌에 타성바지로 열두 살 어린 것이 상일꾼으로 등극

하기까지, "그리하여 마산면 지산리에서 기산면 두문리가/고향이 되었다./주먹쟁이 욕쟁이 상무식꾼이 자랑스런 내 조상이다./고령 박가 참의공파/개뿔."(「家傳」)이 착잡하고 복잡다단한 성찰이 예시해 주는 것처럼 그의 반골 기질과 수틀리면 내지르고 보는 울뚝불뚝한 성미는 절대로 기죽지 않는 충청도 줏대의 면모까지 갖춘 천성 같은 시편들을 생산해 낸다.

고향은 잃게 마련이고 그리움은 더욱 사무치는 것이지만 근대시의 역사에서 정지용이 언급한 이래로 고향 상실의 모티브는 확대 재생산되다가 급기야는 상투화되었지만 고향에 대한 상념을 지속하는 이유는 무엇일까? 인간이 가진 숙명인 불완전함, 결핍, 미성숙, 어디에도 하소연할 수 없고 혹은 도무지 모르겠는 자기 존재와 존재의 정당성을 납득치 못하는 답답함에서 발로한 소이연所以然이 아니었을까? 여튼!

귀신과 도깨비, 조상님들과 우주인의 존재는 과거로부터 현신現身한 미완未完의 사자使者로서, 불안한 삶을 사는 현재의 사람들에게 시도 때도 없이 교신을 보내온다. 하지만 누구나 다 거기에 응답하는 것은 아닌 것이, 홀려 살거나 들떠 살거나 정신없이 사는 사람들이 많은 까닭에 극소수의 결핍된 삶을 사는 사람들만이 신호를 받고 제 나름의 언어와 말투로 발신하는 사정이 그러했을 것이다.

시인의 시적 화자는 무격巫覡 소리꾼의 빙의憑依를 복화술 複話術로 발화함으로써 외계 존재의 육성과 자신의 목소리를 뒤섞어 여러 갈래의 목소리를 개별화하여 조화로운 세계로 나아가고자 한다. 두 목소리의 분별과 혼합은 외계의 사정은 소리대로 살리면서 화자의 줏대와 역사의식, 시적 기율을 보여준다.

"원희야. 부랄 좀 보자"
"저 시벌름은 툭허면 자지 보자구려"
"허허 저놈 주뎅이가 영글어서 장개 보내두 되겄다"
― 「증조할아버지 박성하」 부분

한번 돌면 걷잡을 수 없었다.

'네 아버지는 다정다감한 사람이었다.
네 외가에 갔다 와서 며칠 앓더니
사람이 변하더라.
거기 포강이라고 연못이 있다며.
점심나절 지나서 해가쨍쨍한데
금잉어 노는 것을 보다가 깜뭇했다더라'
― 「엄마 때리지 마」 부분

떠돌다 떠돌다 고향집에 가면
할매 모시 째다 말고
내 새끼 내 새끼.

내가 길을 나서면 큰샘가에 서서
들어가시라 들어가시라
철철 울고 계실 거라.

버스가 소로지 모롱이를 돌아갈 때까지
마냥 마냥.

― 「고향」 전문

 조부―부로 내리받은 성정과 역사적 상처, 모계의 사랑 가득한 보살핌이 어우러져 형성된 가풍家風으로 말미암은 그리움 묻어나는 시적 재현은 개인과 한 집안의 사정과 가전家傳을 넘어선다. 지역 사회와 도의 경계, 국가 단위에까지 동심원을 일으키며 보편성을 띠는 이유는 아마도 함께 겪은 상실과 역사적 기억의 쓰라린 아픔 때문일 것이다. 삼국시대와 고려, 조선시대를 거쳐 일제강점기, 해방정국, 한국전쟁, 박정희 정권, 전두환 통치기까지를 거론하며 그가 아프고 저리게 공론화하고자 하는 목적은 '저기'에 있다.
 애써 회피하는 상처를 굳이 들춰내려는 뚝심의 중심에는

실체에 대한 열망과 복원의 열정이 밑받침되어 있다. 버거운 부담으로 묻어두었던 비극을 드러내 얻을 게 뭐냐는 비난에 맞서 진상을 드러냄으로써 지난 시절 반목과 원한을 그는 해원解冤코자 한다. 「엄마 때리지 마」, 「오시래 안의 엄마」에서 짐작할 수 있는 아버지 세대가 겪은 전쟁과 학살, 보복의 트라우마(相殘)와 「백마고지」의 "박재기는 내 재종할아버지"에서 보이는 전투 현장에서 돌아가신 분들에 대한 진혼곡을 함께 부르고 싶은 것이다. 재종할머니의 60년 홀어미 인생과 "함경도에서 평안도에서 황해도에서 경기도에서/경상도에서 전라도에서 제주도에서/달려온 할매 혼령들 우글우글하겠네." "진시황릉 보다 거대한 우리 마음속 무덤"으로 "울울창창"인데, 「노름꾼 박우용 遺事」, 「판교」, 「부르조아라는 귀신」, 「전란」, 「그 시절」과 "도대체 근동에 온전한 사람이 드물던 시절"의 원체험 공간인 「귀신이 흐느끼는 땅」에 이르면, 개인에게 가해진 원체험으로서의 전쟁은 살아생전 쉼 없었을 것이며 죽어서야 온전히 맞는 「종전終戰」이었을 것이다. 허나 "아버지와 나와 우리 형제들에게는" 그랬을지 몰라도 「1970년 무렵 금강하구」의 "교전交戰"이나 "억새 깃이 살을 베"듯(「개밥바라기」) "태어나 보니 나라가 갈린 나와… 내 마음속 우리나라는 임진강 아래 우리나라."(「울타리 꽃」)의 현실과 적대 감정으로 남과 북은 서로에게 요원하고 어렵고 난감한 대상이다.

하여, 시인은 '조로 간다 조로 간다'를 되뇐다. '할매 말씀'을 뒤미처 깨우쳐

> 나 죽으면 내 살 저들 자손이 먹고
> 내 뼈 고아서 저들 몸보신하면 좋겠지만
> 돈 들이고 기름 들여 화장터서 태우리.
> 끝내 죄로 가고 말리.
>
> 죄로 간다. 죄로 간다. 죄로 간다.
> ― 「조로 간다」 부분

삶의 화두를 "나 지은 죄 하늘처럼 많아/하늘에서 팔다리 잘리겠네./날개 잘리겠네./다리에 돌멩이 묶이겠네."라고 성찰하는 태도가 시인이 상잔相殘의 비극을 상기하는 이유일 것이다.

3. 호흡과 시

소리꾼의 기본은 호흡과 발성법이렷다. 이 시집의 첫 시를 보건대, 압축과 도드라짐, 삶의 굽이굽이와 할매 정 넘치는 서듦, 그래서 더 애틋하고 짠한 정서가 피어난다. "떠

돌다 떠돌다"에서 "모래바람 부는 거리를 헤매일 때"(「할머니의 방」)를, "먹고살겠다고/근사하게 한번 살아보겠다고/하이햐 서울로들 몰켜와/네온이 번쩍이는 거리를 지친 몸 끌고/쥐 떼들처럼 우왕좌왕"을, 「덧붙이는 말」에 "스무 살 무렵, 어디 박혀 월급 받아먹으며 살 천성은 못 되더란 걸 익히 알겠어서 글 써서 먹고 살리라 마음먹었으나 역마살이 가냥 안 됐는지 막노동판을 싸돌았다. 거기다 속 불을 못 다스려 소리에 미쳐 또 한세월 묵새겼다."를 떠올릴 수 있을뿐더러, '고향집'에 가는 마음이 헤아려진다. "고향집에 가면" 할매'가 계신다. 손자를 기다리는. "모시 째"는 '할매'에게 불현듯 나타난 손자가 '재종할매'의 "춤추는 듯 나는 듯/신 올라 신 올라"(「재뜸 재종할매네 초막」) 반가움과 살가움으로 뒤바뀌는 순간을 "내 새끼 내 새끼"로 살려낸다. "아이고 내 새끼"에서 "아이고"가 빠지고 육친의 정이 진득한 "내 새끼"만으로도 백 마디의 말을 대신하는 시어 선택의 배치와 운산을 자신의 할머니께 드리는 마음 안팎의 "들어가시라 들어가시라"로 대구(對句/대꾸)해 넣는다. 다시 고향집을 떠나 모래바람 부는 거리를 떠돌 손자 걱정과 아쉬움과 염려로 손자가 탄 "버스가 소로지 모롱이를 돌아갈 때까지" "철철 울"면서 "마냥 마냥"…….

할머니와 손자의 일심동체-心同體가 이 시만큼 어우러지는 장관이 있던가. 그가 이 시집을 "동네로 시집와 평생 사신 나의 할머니 노수봉(1900~1996)의 영전에 바친다."고 한 일단을 짐작하게 한다. 할머니께 헌정하는 시집의 첫 시로 배치한 기림의 의도에는 호흡의 조절과 시적 기율의 자연스러운 테크닉이 구사되어 있다. 외적 형식으로 보면 2-3-2행 3연의 구조를 띠고 있지만, 음보율은 1연 4-4 음보, 2연 4-2-2 음보(사실상 4-4율), 3연 4-2 음보로 4음보가 기본 율조로 운영되고 있으며 3연 둘째 행은 할머니의 망연자실茫然自失한 망부석 포즈와 심정을 전달하는데 필요한 시적 장치를 기본 4음보에서 절반이 모자란 2음보로 끝내며 마침표를 찍어 "마냥 마냥"의 길디긴 여운을 오히려 극대화하는 효과까지를 달성하고 있다. 또한, 2연 3행 "철철 울고 계실 거라"를 2연과 3연의 진술과 연동시켜 어디에 놓아도 제 몫을 하게 하면서도 2연에 붙여 "큰 샘"의 마르지 않는 우물물—할머니의 끊임없이 샘솟아나는 사랑과 자손 걱정에 마를 날 없는 눈물샘의 "철철" 넘쳐흐르는 "큰샘가"를 강조하지 않았나 한다.

  시인의 소리꾼으로서의 자질은 유난히 많은 직접 인용의 군상들, 인간·동식물·무생물·귀신·도깨비·외계인의 말들이 화자의 진술 일변도의 1인칭 고백의 시 형식에 균열을 일으킴은 물론, 이질적인 다양성을 끌어옴으로써 그 물성뿐만 아니라 태도·시각·방법론·목소리까지를 노출시킨다. 화자의 진술로 갈무리되지 않고 형식적 완결성을 존중하되 고집하지 않으며 한국어, 나아가 충청도 서천 지방의 사투리(「있 잖여」, 「승학아 승학아」, 「한 짐 지고」, 「증조할아버지 박성하」, 「종조할아버지」, 「초분」, 「엄마 때리지 마」, 「오시래 안의 엄마」, 「적 읽다」, 「사랑은 언제나」, 「가슴에 털 난 사나이」, 「그 추운 날」, 「전란」, 「노름꾼 박우용 遺事」, 「남장 여인 김옥선」, 「1970년 무렵 금강하구」, 「돌배 웃다」, 「건지산 범바위」, 「상괭이란 놈이」, 「낮도깨비」, 「박서방 상괭이 타고 가더라고」, 「할매 가라사대」, 「조로 간다」, 「추리대마왕」, 「갈바탕이 끝없이 펼쳐졌던 시절이 있었단다」)를 벌여 놓는다.

    저기 똘뚝 건너말
    노승학이네 애비 노철호 영감이 죽어
    초상을 치르는디 말여.
    염헐라구 모였넌디 안방이서 뭔 소리가 나드랴.

    '자네 부르잖나?'
    '방이 암두 읎는디유?'
    '손님 있는개뷰. 당신 부르잖유.'

    그래 겁비겁비 들어가 보니 암두 없구 병풍 뒤서
    "승학아 승학아" 부르는 겨.
    〈

'어느 놈이 초상집서 장난치는 겨'

병풍을 걷어보니깨 어매.

"목마르다 물 좀 주라"

그러는 거여.

그래서 어떻게 됐대유?

어떻기는 초상 작파허구 자리보전 혔지.
사흘 만에 발딱 일어나더라네.
사람들이 저승 어떻더냐구 자꾸 물어봐두
눈만 끔벅끔벅 허지 저승 다녀와서 버텀은
그 영감 말이 없어졌드라네.
툇마루에 앉어 먼 구름만 보매 뭔 생각을 허는지.
그라구 8년을 더 살구 여든둘에 갔더란다.

― 「승학아 승학아」 전문

  죽음과 유머는 잘 어울리지 않는 조합인데 인용된 시에는 큭큭 대는 웃음을 유발하는 효과가 있다. 죽었던 사람이 살아났다는 반전 자체가 특이하고 화젯거리가 됨은 물론이요, 슬픔이 극적 경이와 환희로 바뀌는 순간인데, 환호성과 열광의 분위기가 재현되기보다는 얘기를 전하는 당사자-현장 증언인인 제3자와 상주인 승학의 댓거리가 일품이다. 키워드인 '뭔 소리'의 물꼬말로 시작해서 제3자 증언인-승학의 부인-승학의 대화가 흥미를 유발하여 "어느 놈이 초상집서 장난치는 겨"의 위기(영문 모를 상황에서 내뱉은 욕)에 이어 "어매"(어머나!/얼라!)에서 위기가 절정에 이루어지면서 사건의 최고조 갈등 상황이 급속히 해소된다. '초상 작파' '자리보전' '사흘 만에 발딱 일어나더랴'는 마무리 전언으로 시가 종결되는가 했더니 그 후일담이 보고된다. '임사체험臨死體驗' 당사자는 "눈만 꿈벅꿈벅" "말이 없어졌"고 "툇마루에 앉어 먼 구름만 보"ㄴ다. "뭔 생각을 허는지"의 삶의 모호함과 허무, 무지에 대한 전언도 묵직한 물음을 던지거니와, 서두의 '뭔 소리'와 맞짝을 이루는 가운데('뭔 생각') 질문의 여운과 앎에 대한 진중하고 집요한 궁금증은 "그러구 8년을 더 살구 여든둘에 갔더란다"가 진술돼도 끝나지 않는다.

　이 무겁고 난해한 물음을 묻는 시의 기조基調와 형식은 유머가 은근하다. 1연 3~4행의 '~는디 말여./~넌디 ~나드랴.'가 말의 서두를 꺼내기 위한 "저기"의 공간적 지명(指名/地名:장소)과 허사虛辭 겸용에 호응하여 충청도 사투리의 웃음 착장着裝을 촉발하더니 2연에서 제3자의 점잖은 환기("자네 부르잖냐?")와 상주의 걸쭉한 사투리 "방이 암두 읎는디유?"가 그 말에 응대하며 '무슨 뚱딴지같은 소리냐, 아무도 없는 방에서 누가 부른다는 거냐?'로 항변한다. 그런데 같은 자리에 있는 상주의 부인이 '손님이 있어서 상주인 당신을 부르지 않느냐?'고 재차 일깨워 준다. 마찬가지로 '~유' '~개뷰. ~유'의 부부간 호응이 정겨운 지방색을 풍기며 사건의 진실에 관심을 모으게 한다. 3연에서는 진상 확인을 위해 3인이 고인을 모신 방('안방')에 잔뜩 긴장하며 들어가는('걸비걸비') 행동과 모습이 보고되는데, 또다시 "승학아 승학아"가 들려온다.

그러니 당연히 긴장감이 최고조로 달한 모양이 '~부르는 겨.'로 낯선 존재의 호명이 불어오는 위기와 위험의 분위기가 전달된다. 4행의 한 줄 한 마디 "어느 놈이 초상집서 장난치는 겨"는 두려움과 황당함이 극에 달하다 못해 터질 듯한 숨막힘의 순간에 자연스레 나오는 욕설 분출(그것도 유柔하고 자제하여 나오는 단어가 기껏 '장난'이다!)이 더욱 '헉!(/헛!)' 하고 터져 나올 반응을 예비하게 한다. 그리하여 5연의 '병풍을 걷어보니깨'/ '어매'가, 돼야 할 문법적·맥락적 흐름을 부러 연결하여 죽었던 애비 '노철호 영감'이 아들 '노승학'을 부르며 놀란 가슴을 추스를 여유도 주지 않는 혼란·경악·경천동지驚天動地의 전변轉變을 대수롭지 않은 듯 보고하고 6연의 "목마르다 물 좀 주라"를 육성으로 들려준다. 느릿느릿하고 답답할 정도로 여유가 있으며 특유의 능청과 은근한 유머가 잔잔하게 전달되는 말투는 충청도 언어만의 특징이자 장단점이라 할 것이다. 같은 충청도라 하더라도 충북지역과 다르고 내륙지대인 부여·청양·예산·공주·아산·천안 등과도 다른, 바다와 강을 끼고 육지 농사를 짓는 반농반어촌半農半漁村 서천 지방의 "고집불통들"(「문헌서원」)과 "성질머리 시퍼런"(「사랑은 언제나」), 가난한 사람들을 돌보고(「두레」) 생명에 대한 외경과 애정이 듬뿍한(「조로 간다」) 특성이 그들의 언어에서도 여실히 드러난다. 그런 가운데서도 익살과 해학은 천성처럼 가득하여

> 할아버지 묻고 돌아오는 산길
> 들꽃 향도 맡고 풀잎도 씹어보고
> 방아깨비 잡아 털래거리니까 셋째 고모,
>
> "덩치는 어른인데 허는 짓은 애덜여"
>
> 돌배가 어찌나 달던지.
>
> — 「돌배 웃다」 전문

조부 잃은 슬픔을 자연에 의탁·희롱하면서도 하늘의 순리와 자연의 질서에 순응하는 시적 화자와 셋째 고모의

순수함이 여실히 드러난다. 장례식 파장 무렵 공허함 속에서 끝내는 모두가 받아들여야 하는 운명을 애치로워할 때 "들꽃 향도 맡고 풀잎도 씹어보고/방아깨비 잡아 털래거리"거나 "돌배"를 따 씹기도 하는데, 부산스러운 마음에 들어온 '친정 조카'의 "허는 짓은 애덜여" "덩치는 어른인데" 마침맞게 나온 한마디에 "돌배"가 달더라고 눙치는 것이다. 충청도인의 호흡과 말투는, 특유의 속도감, 비유, 눙청, 은근한 해학과 더불어 시인의 이번 시집에 스스로 녹아들었다. 소리를 연마한 그답게 여운과 여백의 미를 살리고 뜬금없는 낱말 삽입에 입때껏 진술하던 흐름이 뚝 끊기는 등의 의도와 이승·저승은 물론 우주까지 확장하는 상상력과 대화의 파노라마는 시집의 마지막 둘째 작품 「추리대마왕」에서처럼 '300살' 살다 죽을 때의 여유와 여한 없음으로 다음 시집의 시편들은 어떤 물건들이 나올까 궁금케 한다.

> 바람이 '너무 오래 살았어' 두런거리면
> 종다리 머리 위에 바짝 떠서
>
> 지집죽구 새끼죽구 메롱.
> 지집죽구 새끼죽구 메롱.
>
> — 「추리대마왕」 부분

상상인 시인선 **058**

박광배 시집
새천 가는 길

지은이 박광배
초판인쇄 2024년 8월 23일 **초판발행** 2024년 8월 29일
펴낸곳 도서출판 상상인 **편집주간** 황정산 **펴낸이** 진혜진
표지디자인 최혜원 **기획·마케팅** 전은빈 최유림 노혜림 정현수
책임교정 박희연 **편집** 세종PNP
등록번호 제572-96-00959호 **등록일자** 2019년 6월 25일
주소 06621 서울시 서초구 서초대로74길 29, 904호
전화번호 02-747-1367, 010-7371-1871
팩스 02-747-1877 **전자우편** ssaangin@hanmail.net

ISBN 979-11-93093-61-0 (03810)

값 12,000원

* 이 책은 전부 또는 일부 내용을 재사용하려면 반드시 저작권자와 도서출판 상상인의 동의를 받아야 합니다
* 이 도서의 국립중앙도서관 출판시도서목록(CIP)은 서지정보유통지원시스템 홈페이지(http://seoji.nl.go.kr)와 국가자료공동목록시스템(http://www.nl.go.kr/kolisnet)에서 이용하실 수 있습니다.